Im Tal der donnernden Hufe

HEINEMANN GERMAN TEXTS

Heinrich Böll

Im Tal der donnernden Hufe

Edited by
JAMES ALLDRIDGE, M.A.
Lecturer in German
Keele University

HEINEMANN EDUCATIONAL
BOOKS LTD . LONDON

Heinemann Educational Books Ltd

LONDON   EDINBURGH   MELBOURNE   TORONTO
SINGAPORE   JOHANNESBURG
HONG KONG   NAIROBI
AUCKLAND   IBADAN

SBN 435 38101 6

Published by
Heinemann Educational Books Ltd
48 Charles Street, London W1X 8AH
Printed in Great Britain by
Butler & Tanner Ltd, Frome and London

Contents

Contents

Introduction

1

From his earliest years, Böll has always wanted to write. 'Schreiben wollte ich immer', he says, 'versuchte es schon früh, fand aber die Worte erst später' (*Über mich selbst*, 1958). A year or two earlier he had written that, upon being asked why he is a writer, he had no other choice (*Das Risiko des Schreibens*, 1956). This is not tantamount to writing without principles. An essential one for the author is honesty, he says: 'Er (der Autor) muß wissen, was er schreibt, muß es selbst verantworten, ohne nach dem Publikum zu schielen' (*Interview mit Studenten*, published as an Introduction to the anthology *Erzählungen, Hörspiele, Aufsätze*, 1961). Further on in this same interview, Böll says that the life of an author is of little consequence for the greater part of literature and its readers, since the life most authors lead is very little different from that led by most human beings; what *is* important, Böll stresses, is *how* the author writes. We must therefore be on our guard against seeking to identify with the author any specific character or figure in a book. Small wonder that Böll reports, in this interview, 'Ich weiß einfach nicht, was der Terminus populär bedeutet.' There are signs of this humility throughout Böll's works.

Heinrich Böll was born in Köln on 21 December 1917. In his brief autobiographical essay *Über mich selbst* he tells us that his father was descended from a line of shipwrights who left England in the reign of Henry VIII, and settled on the Lower

Rhine. Away from the sea, they became carpenters and cabinet-makers. On his mother's side he is of farming stock. Almost his earliest memories are those of a defeated German Army, marching back to the homeland, depressed and without hopes or a future of any certainty. Böll attended school in his native city and began his training there as a bookseller. Before he had time to gain any experience in his profession, he was called-up to the compulsory Labour Service (*Arbeitsdienst*), and six months later, at the end of 1938, into the Army.

He served throughout the war in the infantry, saw action on several fronts and was three times wounded. Late in 1945, after a short period as a prisoner of war in U.S. hands, he was re-leased, and demobilized. He returned to his home in his native city, forced, like thousands of others, to start an entirely new life. In keeping with his desire to avoid judgement and to restrict himself to opinion and observation, Böll does not openly condemn war in plain terms: his condemnation finds its expression in showing his readers the boredom of the ordin-ary soldier in any war, the dirt, disease and utter futility of it; we are left to imagine the disgust he feels at the criminal waste of life, of effort and expenditure. We must draw our own con-clusions, as we are left to do after reading the best imagina-tive writings on the 1914–1918 War – Barbusse, Remarque, Sassoon and others. After studying *Germanistik* and working part-time in his brother's business as a cabinet-maker, Böll became a local government employee and started to write. He has lived entirely from his writing since 1951. This has not been a life of seclusion and of indifference to affairs in the world. With his wife, who received part of her education in England, he has collaborated in preparing translations from English literature. A measure of their combined skill and sensitivity for language and literature, and of the magnitude of their task, may be gauged from their rendering into German of so subtle a writer as Patrick White.

The growth of Böll's fame as a writer has drawn increasing attention to his personality and ideas, and has involved him, involuntarily at first but gradually more and more of his own free-will, in the expression outside his books of opinions on political, moral and social questions. He has become a polemical figure with an increased popularity, in spite of many of his expressed views which run counter to contemporary opinion.

What are the reasons for this popularity? Why, in spite of his adverse criticism of much in society, have over two million copies of his books been sold, over 800,000 in Soviet Russia and the 'East Block' states alone? The popularity there may be due to the anti-militarist tone of much of his work, and perhaps to his censures on the Western Church, though this makes him unpopular in Poland, where the Catholic Church is *staatstreu*. It is possible that 'Genrich Bell's' wide acclaim in Soviet Russia may be due to his understanding and sharing of the sorrows of the 'underdog', perhaps to the *Wohnküchenwelt* of so many of his earlier stories, though this would hardly be valid for his most recent novels; the fact cannot be overlooked that he does seem to understand people from all walks of life, and he shows an elementary sympathy. But this does not explain his popularity in many other parts of the world, with millions of readers in countries of widely differing cultures, religions and language, where only an infinitesimal minority have the faintest conception of the city of Cologne or of the Rhine, except from his books, or even of the Federal Republic. Some of the reasons may be as much due to his weaknesses as to his strengths.

A quest for these reasons can be conveniently followed along two main paths: his career and position as a writer and the growth of his social and political image. It has been stated elsewhere that his weaknesses are an earlier unadventurousness of style, a preoccupation with the *Heimkehrer* theme of his early stories, a restriction of his milieu to the town and an often-repeated confession of his adherence to his native Rhineland. While some at least of these criticisms may have for a time been valid in the past, a close study of all his published works will show that his style has developed, and that his themes have widened beyond the *Heimkehrer* theme. The restriction of his milieu to the town is a strength rather than a weakness: it is the sign of a writer who is sure of his ground and wisely does not venture beyond what he knows. Böll's world is a *hominisierte Welt*; it is deliberately not one of woods and fields and lakes, but of streets, pubs, stations, tram-stops, a few stunted trees at the inevitable kiosk – all part of a world easily recognizable to many readers in the Soviet Union, and a possible reason for his popularity there. This sureness is the basis for his critical attitude to his native Rhine and its inhabitants; it furnishes him with the confidence to build up his strengths. For, in spite of this allegiance to his birthplace, Böll brings to his view a sobering objectivity. 'Ich bin nur mit Skepsis Rheinländer,' he has said and has quoted with approval another German poet born in the Rhineland – Heine – on the non-completion of the Kölner Dom as a guarantee of Germany's Protestant *Sendung*. Böll has reminded us that Heine himself said later that he, Heine, would have done better to have turned Catholic and to have been ordained – to obtain any preference and promotion in the Germany of his day. Böll also denounces what he calls the *Loreleigeist*. For him the 'wundersame, gewaltige Melodei', in Heine's words, is no more than an *Irreführung* which received its final shock in the catastrophe of 1945. Werner Weber[1] has, in this connection, drawn a parallel with Günter Eich's poem 'Camp 16'.

As a human being, as Otto Best has said,[2] Böll, of all his German contemporaries, is the only one who can still *trauern*, whose characters still have a tear in their eye. His humour and

---

[1] 'Die Suche nach einer bewohnbaren Sprache' in *In Sachen Böll*.
[2] 'Der weinende Held' in *In Sachen Böll*.

his close identity of himself with his work form a unique combination of the fabulist and the moralist. For him presentation
is always more important than analysis. He has never tried to
win over a public or to gain support for himself, to create impressions or sensations, or even to be admired. As he said
during an interview recently (1968), he writes only for himself.
If this is a weakness, then it is one out of which grows only
strength.

It is only comparatively recently that Böll's social and
political image has emerged, perhaps because it has only
recently been formed. Certain it is that his growing fame as a
writer has put upon him demands to appear sometimes in
public, on occasions such as the award of literary prizes, where
public statements of views and opinions are inevitable. On
such occasions he has startled his audience and the wider
public by his uncompromising views on social and political
matters. His concern with social problems springs from his
belief in the need for a practical sense of responsibility and a
disregard of mere forms and formalities. In political matters
he insists that the writer, like other citizens, must have a
political standpoint and attitude, which is based on the assump-
tion that one's political rights are duties. In two statements
over the past two years Böll has summed up his attitude to the
necessity of political understanding for the writer. In an interview with Marcel Reich-Ranicki in August 1967[3] Böll said:
'. . . als Schriftsteller kann einer nur mittelbar wirken . . .',
which is no denial of his earlier statement (1966) when he
emphasized: '. . . wie wichtig es ist, in gewissen extremen
Lebenslagen politisch zuverläßig zu sein . . .' A man of such
insight and belief in himself can hardly be accused, as many in
the 'East Block' countries have accused him, of being *Bonn-
hörig*, a man who has drawn a distinction between *das Aktuelle*

[3] 'Interview von Marcel Reich-Ranicki, 1967' in *Böll: Aufsätze Kritiken
Reden.*

and *das Wirkliche*, and who thinks of literature as *Verant-wortung*.

2

The world in Böll's works is in many ways a complicated one, and it has not become less so with the changes which he and his style have undergone over the years. Critics are agreed in noting that this change occurred some time between 1959, the year of the publication of *Billard um halbzehn*, and 1963, when *Ansichten eines Clowns* was published. Pascal[4] differs from most critics in noting a major change about the time of the publica-tion of *Haus ohne Hüter* in 1954, where, in Pascal's opinion, Böll has ceased to look back, and where memory is no longer only recalling.

The change is mainly one of tone; in place of the earlier tolerance there has come an irritation, an asperity almost, and Böll's dissatisfaction with much that he sees in society finds expression in some eccentricity in the characterization of his latest novels. But, in both his earlier works and in his latest ones, there is in all the main characters one dominant feature. Just as in the Victorian novel the author was at pains to make clear to the reader the social status of his main characters, which meant in effect their financial resources, so we today are sure about one essential feature of all Böll's major characters, namely their religion.

This change in Böll's tone is sometimes seen as a decline or as a crisis, as though he had come to the end of a career. This view hardly bears examination, for in the later works we see beginnings and innovations, a writer steering on a new course, creating characters who are no longer so obviously and help-lessly products of their society. The increasing bureaucratizing

[4] 'Sozialkritik und Erinnerungs technik' in *In Sachen Böll*.

of society has nonplussed the simple human element more than ever before, and the clown and the eccentric are now for Böll a truer mirror of humanity than the *Landser* of his earlier stories.

His acknowledged[5] influences are mainly Kleist and Johann Peter Hebel; these should be understood mainly as models or guides in spirit rather than in style, for Böll lacks both the strict compactness of Kleist and the relentless objectivity of Hebel; Böll is a different kind of moralist from both. It is true that he shares Kleist's aim to see order in the world. In his story 'Die Waage der Baleks' (1955), Böll has re-created a miniature Kohlhaas world, where a situation of great psychological difficulty has arisen out of a sociological one.[6] The novelist Böll debates here the question of justice, just as Kleist did in his *Michael Kohlhaas*; Böll continues to do so, in different guises, in his later works, whatever changes have occurred in his characterization and outlook. Just because Böll takes the part of the outsider, whether he be clown or truanting Bundeswehr soldier, who has no spiritual home or ordered spiritual life, it does not mean that Böll disbelieves such things: it is merely that he does not see them realized in this world of material affluence and permissiveness. He certainly does not agree with Brecht, who questions the very existence of such values.

When we look closely at the very wide range of Böll's characters, we shall see that many are somewhat *schematisiert*, and we shall be aware that none of them is really free: each one is bound to his situation, his occupation, his little place in the scheme of life. Each is clear about his own situation, and, even if he can see no clear future for himself, he at least gives us hope merely through 'carrying on'. Not only in the story 'Die Waage der Baleks' do we find the Kohlhaas type; it is a type

[5] M. Reich-Ranicki interview (op. cit.).

[6] For a more detailed treatment of this question, see Cesare Cases, 'Die Waage der Baleks dreimal gelesen' in *In Sachen Böll*.

which occurs in other stories, though seldom in so obvious a guise. It is an axiom that every figure in fiction must have its opposite, its *Gegenfigur*. But, as Siegfried Lenz has said,[7] there is in these Böll stories no Settembrini–Naphta argument. Such 'argument' exists in the figures of *die Anderen*: the employers, the bosses, anyone in authority, and even any members of the public, who may at the moment of the 'argument' or 'being contrary to' the 'hero', just not happen to share his particular difficulty or uncomfortable position in society, or even understand this. It might be even you or I – any unthinking person of the moment. Just how 'unthinking' we can become is shown in Böll's creation of Schnier's mother in the novel *Ansichten eines Clowns*. An enthusiastic Nazi in the years past, she is now a vociferous and irritatingly self-righteous member of the 'Committee for the Improvement of Race Relations'.

Several observers are able to amplify Böll's own statement about his influences, and concur in not finding any of the traditional influences of European literature in him, neither French, nor Russian and only in a very limited sense German literature. He seems to derive more inspiration from the Anglo-Saxon world and even from the Irish. Sonnemann[8] notes Swift and Hemingway as main sources of Böll's literary inspiration, which have determined to a large extent his characterization.

His clown figure is derived from a general western tradition, especially in that it combines the tragic and the comic. Clowning opens the way to progressive criticism and is a new direction for Böll's satire. Ludwig Marcuse sees a parallel between Böll and Joseph Roth, especially in the latter's dryness and sensuality, which Böll himself has acknowledged. Nowhere in Böll do we find self-portraits.

These are, however, all fringe influences, interesting ones, which form the background to his main influences, which are,

[7] 'Bölls Personal' in *In Sachen Böll*.
[8] 'Die Bindungslosigkeit des Clowns' in *In Sachen Böll*.

in his own words, *Wirklichkeit* and *Phantasie*. His own formu-
lation, to Walter Jens,[9] bears repetition for its simplicity and
intensity: 'Ich brauche wenig Wirklichkeit, . . . aber viel Phantasie ist dabei . . .' This is the core of his conception of his task
as a writer, expressed many times over, in interviews and con-
versations, in speeches and addresses: '. . . wir haben noch
nicht begriffen, was es heißt, in Jahre 1945 eine halbe Seite
deutscher Prosa geschrieben zu haben' (*Frankfurter Vorlesungen*,
1966).

Böll suffers perhaps from his reputation, in the sense that
everything that he has said hitherto has been so redolent of
good sense that criticism is stifled, almost before it can be fully
expressed. Only recently has this been otherwise, on the publication of the anthology *Aufsätze Kritiken Reden* (1967). Böll
is well aware of this, as has been confirmed in a review by
Joachim Fest.[10]

It is when we come to a consideration of Böll's style and his
narrative method that we are aware of his special talents. Just
as there are in his stories no self-portraits, so there are no
'heroes' in the traditional sense that is understood in fiction.
There is no character-drawing on the grand scale of the great
epic writers of the nineteenth century. This is not Böll's talent.
Rather does he excel in catching the mood of the moment, of
a milieu, of a piece of West German Federal Republic background. He excels in illuminating with the right insistence and
emphasis of the moment a situation which he does not attempt
to explain or account for. This ingredient is inherent in his
sense of humour and his use of detail. Pascal[11] has drawn
attention to this and refers to a scene from Böll's novel *Ende
einer Dienstfahrt* (1967) which is very reminiscent of Kleist's
Der zerbrochene Krug. Here, as well as in *Haus ohne Hüter*,

[9] 'Lob der Phantasie' in *In Sachen Böll*.
[10] In *Der Spiegel*, No. 4, 1968.
[11] op. cit.

memory ceases to be a mere recalling: from now on it becomes the central problem of his work. Memory, to use Pascal's vivid word, is no longer *Lähmung* but a spur to new life. This has affected Böll's style. For, from this break onwards, the third person narrative gains ground, involving an increasing criticism of the age, and bringing with it more and more difficulty in finding a compromise. The result is a growing *Entfremdung*.

This *Entfremdung* becomes in Böll even clearer later, especially in the novel *Ansichten eines Clowns*, where all are *fremd* to each other. The epitome of this is reached in Böll's novel *Entfernung von der Truppe* (1964). His criticism is thus seen to be, in contrast to his earlier stories, sharp and relentless, and it has left its mark on his style: the 'Ich' of the early works contains now both past and present elements – an example is Schnier in the novel *Ansichten eines Clowns*. Observation by the individual characters becomes clearer through the uniting of forgetfulness and memory into the present; one has only to recall the joy that Schnier derives from his observations, a joy which transforms his whole nature. Mime and mimicry and humour, as always with Böll, arise out of this and form the basis of a reality which is more than a mere attempt to live down or outlive the past. Certainly much of the books based on these concepts contain a large amount of monologue. We do miss in these later works the *Zuversicht*, the hope for the future of the earlier novels, for the characters have 'arrived', and their very sense of reality gives them a clarity which denotes a marked advance in human relationships, even if they are at times a little harshly sobering.

A significant pointer to Böll's distinction as a novelist is his use of detail. As with so many of his skills, this too is not new in literature; we need think back no further than the handkerchief in 'Othello', or recall the cheeseparing habits of Balzac's miser and the rustle of the dresses of Stendhal's heroines.

Apparently banal trifles serve to concentrate the tension and to emphasize in an uncanny way the abyss on the edge of which human beings often stand; this heightens the reader's feelings and points even more clearly to the outcome of the story. But Böll is no mere imitator. His detail is part of the scene he himself has set for his story. An example from one of Böll's earlier stories is 'Die Postkarte' (1955). The most trite and commonplace actions of the young man's mother making the breakfast coffee are related dispassionately but every little, well-known sound is charged with emotion, so surely has Böll suggested to the reader the impending doom announced in the little household through the laconic postcard with the news of the young man's immediate call-up to the Army, and the almost certain 'death certificate' this betokens. Some examples from *Im Tal der donnernden Hufe* are even more startlingly effective.

The red–white theme with which the story began is continued with the description of Griff's half-dressed body as he lies on the bed, and it is intensified when he bends to grasp the carton containing the tennis balls:

> Griffduhne lag mit entblößtem Oberkörper auf dem Bett; seine weiße, eingefallene Brust stach erschreckend gegen seine roten Wangen ab: er sah aus wie eine Mohnblume, deren Stiel schon abgestorben ist. . . . (p. 35) . . . Griff bückte sich. Aus seinem langen, blassen Rücken sprangen die Wirbelknochen heraus, verschwanden wieder, und diesmal hatte er den Karton. . . . (p. 38).

Interspersed are descriptions of the throwing of jam-jars against the wall, emphasizing both the physical frailty of the human bodies and the futility of the life led in the little town. The mime of Griff fishing without fishing tackle (p. 42) is a flight back into memory, but it deceives neither of the boys: both of them know that they are playing with time and their phantasy.

B

Paul's visit to Katharina in her room is too loaded with meaning for both of them for it to be an expression of mere boredom. The furiousness of his search for the pistol (pp. 50–51) heightens the tension both for Katharina and the reader. Following the almost trite conversation between them, the breathless and fearful anticipation is given added force by the commonplace phrases which make up much of the conversation, and by the nervousness Katharina naturally feels in unbuttoning her blouse. The phrases recur like the regular flash from the revolving lighthouse tower, and offer, in spite of their ordinariness, some insight into two distracted souls (p. 59).

The basis of humour is a sense of proportion, which in turn presupposes the humility which refuses to be concerned mainly or exclusively with one's own trade or occupation and to take one's own affairs too seriously, even in art. Böll echoed this sentiment when he said, 'Totale Kunst muß ebenso zum Fanatisimus führen wie zum Beispiel totale Politik.' The unique and almost indefinable qualities of humour lie in the fact that it cannot be acquired; irony can be practised and satire studied and imitated, but one can only have a sense of humour or not. But a sense of humour does not prevent a clear insight into the dissatisfactions of one's day. As an artist Böll is a realist and in politics he is an idealist. The sum total of things, or the theory of institutions and organizations, is of no interest to him, only the real live human being. As a human being Böll sees the falsity of much in society; he notes, for example, that the anniversary of the attempt on Hitler's life (the 20th July Plot) is commemorated annually in West Germany, but that the state which does this still pays pensions to former Nazis. The most trenchant rejection of this attitude is found in his novel *Ansichten eines Clowns* (1963).

This novel marks an important step in Böll's development, both because it offers a key to his attitude to religion, and also because the main character, the professional clown Schnier, is the first of Böll's characters who can forget the past. The novel thus marks also a turning point in Böll's career.[12] Here, for the first time, he directs his criticism at specific attitudes and institutions of Church and State. The hero in the novel is a Protestant who carries on a continuous feud with a Catholic priest, often to the detriment of the latter. For the first time in Böll's writings there is in this novel a tone of irritation and of warning: the humour merges at times into irony and even satire – not for nothing have critics seen in Böll some elements of Swift and Heine. Furthermore, for the first time Böll's criticism of the Church assumes a sharp tone.

He has said that there is for love and religion no room in West German Catholicism, which, in his opinion, has assumed a false position of power. It should, he maintains, cease to *hetzen* after contemporary manifestations for reasons of sheer opportunism. Böll does not share the view that clerics should not enjoy anything at all; he grants them this, but adds that they must never forget to *minister*. This is not derogatory or disdainful on Böll's part, but rather an intelligent participation in such of a priest's life as a layman can share. Augstein[13] supported this view when he remarked that Böll's Catholic characters observe faithfully the duties of their religion, but often seem to arrive late for Mass. Augstein goes on to suggest, perhaps tacitly agreeing with Böll here also, that there must surely arise out of this ideal conception a Christ who is at the same time an artist, a contention that seems to be borne out by another of Böll's statements, when he says he sees no difference between faith and artistic form. As far back as 1963, Augstein[14] reports Böll as saying, 'Ich habe die Zuständigkeit der Kirche und Kirchenmänner in Fragen der Kunst und Literatur immer, in Fragen der Moral nie bestritten.'

[12] See Pascal (op. cit.) for a detailed discussion of this point.
[13] 'Der Katholik' in *In Sachen Böll.*   [14] Op. cit.

Does he see, then, a separation of art and morals? It would
seem to be so from a study of his words in his essay '*Kunst und
Religion*' (1959), where he wrote: 'Der Christ hat ein Gewissen
als Christ und eins als Künstler, und diese beiden Gewissen
sind nicht immer in Übereinstimmung.' The obvious solution,
namely that of being a *christlicher Künstler*, is for Böll no solution, and many of his characters bear witness to this dilemma.
He wants and needs to be both *Christ UND Künstler*, not a
reformer in the sense of making something new, but one in the
literal sense of 're-forming', leading man back to a patriarchal
world of simple righteousness and innocence.[15] It is not difficult or inappropriate to see Böll as his own epic figure who
honestly faces up to the conflicts besetting him and his contemporaries, without his being able to solve them: he is a
writer who is at one with his creations.

Through his honesty in facing problems of our day, Böll,
more than any other post-War German writer, has made Germans understandable to their Eastern neighbours through the
language of his characters, through his sense of homeland; he
has at the same time shown his fellow West Germans to have
a spiritual loneliness, which he also partly shares. This has led
him to the surprising realization that his Soviet Russian readers
are more concerned about and with his Catholicism than are
his fellow countrymen. In spite of his own statement 'Ein
Schriftsteller veröffentlicht, ist aber keine öffentliche Person',
his image is coming more and more into the foreground with
the increased variety of his publications and public statements,
in interviews, speeches and letters to the Press. How ironically
true are his words: 'Politik wird mit Worten gemacht'!

Without wishing to be caught up and become fully active in
politics, Böll finds it impossible to take an intelligent interest
in affairs without taking up a standpoint: one cannot be en-

[15] For a detailed consideration of this subject, see Kesten, 'Eine epische
Figur' in *In Sachen Böll*.

tirely neutral. In an interview a short time ago, he has said[16] that he does not consider it a writer's duty to take sides in political questions; there are no rules that he knows forcing an author to take up what Böll calls a superficial conception of actuality. Here speaks an *engagierter* writer, all the more so since he refuses to adopt a dictated line. He draws a distinction between *Das Aktuelle* and *Das Wirkliche*, where *Das Aktuelle* means matters of passing interest and *Das Wirkliche* refers to matters of deeper and more lasting concern. In one's relationship with *Das Wirkliche* one must, Böll insists, take one's stand on a ground which is not subject to shifting caused by temporary moods nor affected by prejudice of time and place. Writers who base their premiss on this reality (*Das Wirkliche*) are those with a sense of responsibility. No reader will need to hesitate in placing Böll in this context.

3

Although he has shown far less obvious partisanship in political life than has, for example, Günter Grass, Böll's concern with political trends and developments is a live one; his viewpoint is clear to all. This is not new in Böll, for the characters of his early stories, through *their unconcern about political life*, except for an inarticulate feeling of its physical effect on them in their daily life, are the very stuff of an anti-political, or rather unpolitical tradition from which much of German life has suffered. In the case of these early Böll characters, this feeling is strengthened by the restricted bourgeois milieu of many of the stories. Much more in these earlier works than in his later novels we have the feeling that the characters are threatened by nameless, powerful and hostile forces, which for those affected defy definition or understanding. Böll himself has summarized

[16] E. Fischer, 'Engagement und Gewissen' in *In Sachen Böll*.

these anti-human elements in his essay 'Im Ruhrgebiet' (printed in *Aufsätze Kritiken Reden*).[17]

With the wider emergence of his own image in the German literary and political world, Böll's own expression of his views on social and political matters has increased in frequency and pungency. Possibly unwittingly, he believes that 'Politik wird mit Worten gemacht'. In his address delivered on the occasion of his receipt of the Georg Büchner Preis in October 1967 he said: 'Im diesem Land scheitert ohnehin das meiste nicht an sachlichen, sondern an Protokollfragen', and all his later utterances on questions of the day seem to express his determination to point to examples of this view. Without showing any direct interest in the ordinary preoccupations of many of his contemporaries – political manœuvres, budgets, productivity agreements, exchange rates, industrial disputes and their implications – all, for Böll, matters on the periphery of human needs and interest, he has on occasions taken action and made statements of a quite unequivocal kind. Two events which occurred in 1968 serve as a convenient illustration of this.

During his chance presence in Czechoslovakia during the Russian 'invasion' of that country in August of that year, he showed his sympathy with fellow writers faced with a fateful situation by accepting an invitation from the 'free' Czech Radio to broadcast a message to his Soviet writer colleagues on behalf of writers in Czechoslovakia, in which he appealed to the Soviets to exert what influence they had with the Kremlin to desist from the action then in full swing in Czechoslovakia. Böll also wrote articles for a Czech Resistance paper. Later in the same year he took sides openly, or expressed his opinion openly, in the campaign for and against Bundeskanzler Kiesinger, after the latter had been struck in the face

[17] See Fest, in his review of 'Aufsätze Kritiken Reden' (*Spiegel*, No. 4, 1968), for a detailed discussion of this subject.

publicly in Paris by Beate Klarsfeld. Böll's action was to send her flowers, a step which he defended in the Press.[18]

He himself has said, in an interview with Reich-Ranicki,[19] that he attributes the depressing state of political life in the Federal Republic largely to the fact that at least some West Germans have never had the opportunity to become and to remain communists. Later in the same interview he expresses the wish that Communism as a political force in Germany might have the same amount of time for the 'Ausübung seiner Macht' as Capitalism has had. There might then, or even earlier, develop what Böll considers a most desirable form, a *Kommunismus-Sozialismus*, as he terms it. This, freed from all taint of Imperialism, would be able to lose its *Angst*, mostly of Art and Religion, an *Angst* which is for Böll incomprehensible. If this were once removed or overcome, communism would be able to develop a feeling and understanding for *Trauer*, for *Verzweiflung*, to acquire the ability to accept, without fateful consequences for human beings, the idea of *Scheitern* and tragedy.

There emerges, therefore, from all this preoccupation with politics and his expression of his attitudes and views, a Böll who is a 'conservative revolutionary', one whose criticism is directed at existing organizations, and not at the setting up of new ones. He may well be described in Paul Celan's words, who said that Böll wants to keep the old order, but he wants also to tidy it up. Hamm-Brücher has defined him as not so much a nonconformist as an anti-contemporary.

This must necessarily, in part at least, determine his position as a contemporary writer. From the foregoing note of his political attitude, it is clear that he is fully 'engagiert', but not in the sense that some of his German contemporaries are. All his writings bear witness to the misery brought by Germany

[18] *Die Zeit*, 10 Jan. 1969.
[19] Op. cit.

over itself and the world. He sees a little progress since the disaster of a generation ago, but not enough. The small advance made in matters that count in Germany is satirized in his latest works, in particularly *Entfernung von der Truppe* (1964) and *Ende einer Dienstfahrt* (1967). Both are a searching of the conscience, an attempt to find deep down some sort of firm base of thought and purpose in the surge of suffused aims and emotions of the post-War period. The Hitler time, Böll thinks, has been neither morally nor factually conquered. Most contemporaries want to forget, and such are satirized in both these novels. Böll's suggested way to overcome this smugness, this vanity of cheap journalism and political insincerity such as has hardly been equalled in history, is not an *Ausweg*. His way through love and religion is an active and direct way, demanding effort and honesty from those who follow it. It is a way which will be possible only to those who do not fall a prey to the cliché-ridden simplifications offered so often as a panacea today, a shutting out of what is inconvenient and uncomfortable. Those who do not fall a prey to this must have their own inner assurance, a mastery of their own inner self. Böll has summarized this 'guide for writers' (and others) in the Reich–Ranicki interview already referred to; there his own words are: 'Die einzige Pflicht eines Schriftstellers ist eine Selbstgewählte, Selbstauferlegte: zu schreiben. Und je engagierter er sich glaubt, fühlt, weiß, desto mehr sollte er nach Ausdruck suchen.'

We sense an approach here to the exercise of literary criticism. Even though Böll says he is far too busy reading and writing to be bothered much about criticism (whether engaging in it himself or meeting the criticism of others), he is inevitably, through his many public statements and appearances, forced into the position of critic. In essence, his views are set forth in his *Frankfurter Vorlesungen*, lectures delivered as Visiting Professor of Literature at the University of Frankfurt/Main

1963–4, and published in book form in 1966. Here Böll sets out an *Aesthetik des Humanen*, which is an attempt to offer the people a formula, in which to gather together its ideals and aspirations to enable it to rise upward and onward over the mass of material ills which have come from a preoccupation with so much self-seeking. Böll terms this attempt a looking for a 'bewohnbare Sprache in einem bewohnbaren Land'. In spite of having a *Heimat*, Germans are suffering from a feeling of being uprooted (*Bodenlosigkeit*). Böll bemoans the passing from this people of so much of spiritual value. Values have been swept away or nullified by the horrible word *Befehl*; it has wrought so much harm that one may almost pity and sympathize with any inclination in the Germans to nihilism. All post-War literature, Böll believes, is a seeking for *Orte*, for a *Nachbarschaft*. This can only be found through painstaking work, detailed concern for the humble but important values. These are to be found in their own country, Böll tells his fellow countrymen, not elsewhere (he sees the frantic German urge to travel without insight as a symptom of this search, but he doubts its efficacy). He likens his recommended detailed effort to one beginning again to learn to read, to delve again into the simple primers of the kindergarten. Most of all must the effort be made to divorce religion from the idea of institutions and particularly from the organs of the state. Germans must, as never before, ask in how far Church and religion and Christianity are a vital personal concern. To attend to this is, in Böll's words, to form an *Aesthetik des Humanen*, to develop forms and a style which correspond to the moral situation. Aesthetics and morals are one; there is, or should be, no escape from this *Eindeutigkeit*. Above all, any man, writer, artist or thinker, must have humility.

4

Im Tal der donnernden Hufe

Böll has said that he is, both as a man and as a writer, inter-
ested in two things only, namely love and religion. These are
certainly the themes of this story of the boy Paul in his difficult
task of understanding his own nature and finding a way through
the problems posed by this growing: 'dornig war dieser Weg
und endlos' (p. 29).

Almost the first words of the story betoken anguish for him,
doubt and frustration. We meet him in church, standing in a
queue of people waiting to enter the confessional. But Paul –
we learn his name only later – is in spirit far away from the real
scene: his gaze is fixed on the red and white tiles of the floor in
the aisle where he is standing. This red and white image, which
recurs frequently in the story and is one of its distinguishing
features, is a symbol of his agony, of the torture he suffers
continually in the stirrings of sexual desire. '. . . der Boden
schwamm vor seinem Blick wie ein Kiesweg aus roten und
weißen Splittern; Rot stach, Weiß stach, wie ein schmutziges
Netz lagen die Fugen unklar darüber' (p. 28). This searing image
accompanies nearly all the scenes in the rest of the story.

Paul cannot bring himself to enter the confessional, for he
realizes vaguely that he could say little, so great is his anguish,
and that anything he might say would bear the mark of innocence, of immaturity, of something really unpunishable, 'un-
atoneable'. But the constant repetition of those standing near
him in the church that it is his turn, 'Sie sind an der Reihe',
sounds to him almost like a condemnation, so sensitive is he
to the effects of this oppressive feeling of guilt. Involuntarily
there rises in him the tormenting thought of *Sünde* and *Tod* and
of their association. 'Sünden, dachte er, Tod, Sünden; und die
Heftigkeit, mit der er die Frau plötzlich begehrte, quälte
ihn; . . .' (p. 28).

A brief mental catalogue of minor peccadilloes eases his mind for a short time: '. . . Ich habe genascht. . . . Ungehorsam. Schularbeiten nicht gemacht. . . . Kuchenreste . . . Zigarrenstummel . . .' (p. 29). But his thoughts return with even more insistency to his desire: '. . . Die Hände meiner Augen wandern über ihre Haut' (p. 29). Then, with a startling phrase so typical of Böll, we are suddenly transported with Paul to everyday life, a contrast to his sultry preoccupations: 'Er hob den Blick über den Gang hinweg . . . Dort roch es nach Samstag, . . .' (p. 30). Even this is however only a temporary relief, since the immediately supervening images of his father dismantling the pistol are charged with sex symbols (p. 30). The pistol, indeed, plays from now on a major part in the story; it provides, on the one level, almost the only bond between Paul and the other boy Griff. Later in the story both boys try, with pathetic lack of enthusiasm and almost ludicrous lack of skill, to find in the firing of it at motionless targets some outlet for their frustrations, their boredom, and their only partly developed and realized ambitions.

Böll can no more refrain from social criticism than he can from religious criticism. No sooner has Paul fled from the church where he has been unable to bring himself to make his confession, than he walks through the streets of the little Rhineland town, beflagged for a summer regatta. The description of this event leaves no doubt in our minds that it is meaningless for Paul, as the slighting references to *Weinromantik* (p. 36) are also to Katharina later on in the story: '. . . sie haßte den Wein; . . .' (p. 45) and: '. . . und wie schön, daß du kein Weintrinker . . . bist' (p. 47). Not even in the surroundings of their everyday life have these young people any help or understanding. Paul regards the successes of the competitors on the river with feelings of boredom and contempt. It is a field of activity where his sisters excel, and we are made to feel the mixture of jealousy and scorn with which he recalls

them and their success. His mood is aptly summed up in the
irony of the traditional song: 'Zischbrunn . . . vom Fluße
gekost, vom Weine genährt, von schönen Frauen verwöhnt. . . .
Jetzt also schlugen die Schwestern die Paddel ins Wasser . . .
wurden ihre derben Gesichter ernst . . .' (p. 34).

Throughout the following pages which describe Paul's visit
to Griff, the conversation of the two boys is almost entirely
about the pistol and the possibility of using it. Casual though
the tone may be and interrupted though the discussion is by
sudden and inconsequential references to the world and inter-
ests of adults, a world which the boys reject, the overriding
impression we have is the boys' unrelieved boredom. All the
more noticeable is therefore Paul's obsession with the thought
and feeling of sin. The red and white image recurs several
times in this scene, in the contrast between the whiteness of
Griff's body and his rosy cheeks as he lies half-dressed on the
bed, in the contrasting colours of the furnishings, even the
jam trickling down the wall after the jam-jar has been smashed
against it. The boys find themselves, perhaps without realizing
it, imitating the futile occupations of their elders. All this con-
jures up in Paul's mind the blood of sacrifice: '. . . Die Pistole
ist besser . . . am besten die Pistole. . . . Töten. . . . Tennisbälle' (p. 37). Even in such mundane surroundings as Griff's
room Paul recalls the temptation which rose in him when
looking at the woman in church. Now, he reflects, '. . . die
Füße meiner Augen sind wund, die Hände meiner Augen sind
krank . . .' (p. 38). A tacit agreement between the boys to vent
their pent-up feelings on society is summed up by Paul:
'. . . Ich möchte etwas zerstören . . . aber nicht Gläser, nicht
Bäume, nicht Häuser . . .' (p. 39) but it stops short of annoying
Griff's mother, even though Paul has toyed with the idea of
shooting himself, an extreme reaction, but one, he thinks,
which at least breaks from the dull conventions of the adult
world around them.

The conversation drifts rather naturally to the subject of girls and to an exchange between the boys of their respective experiences with them. This is calculated to direct Paul's thoughts to his feelings of guilt. '... Über die Tennisbälle, dachte er. Sie sind so weiß wie gewaschene Lämmer. Über die Lämmer hin das Blut. "Frauen," sagte er leise, "nicht Mädchen." ... tief in ihm ... haftete eine Last, für die er keinen Namen wußte, dunkel war sie und schwer ...' (pp. 39–40).

In a discussion about general plans for their holidays there is mention for the first time in the story of the 'Tal der donnernden Hufe'. Sharing for the moment the ease with which Griff can just go away on holiday without any serious objections or problems, the reader is surprised at the almost drastic symbolism of the words which have become the title of the story. They remind us of the Puritans' 'valley of the shadow of death', and Paul's reaction is not unlike Bunyan's might have been, when hearing the words for the first time: '... Morgen, dachte Paul, morgen will ich tot sein. Blut über die Tennisbälle, dunkelrot wie im Fell des Lammes; das Lamm wird mein Blut trinken. O Lamm ...' (p. 40). In spite of one later meeting of the two boys, when they indulge in their futile target practice in the woods, there is in this statement by Griff, namely that they will already on the next day go their different ways, the ultimate parting between them: Griff shrugs off the problem of an incomprehensible world and Paul is left to battle on with his obsession.

Characteristic of the Böll who passed through many phases, including that of seeming to be a spokesman for a world of glossy magazines, of films of violence, of shabby fiction of a world needing garish and noisy entertainment, he is in this story still the Böll as an exponent of a world of Catholic morality, albeit a critical exponent.

Naturally the Paul of this story suffers through not having

gone into the confessional; he was not ready for confession. His sufferings are not abated even when he encounters Katharina, locked in her room. Böll's description of Paul entering via the garden shed and the veranda roof, and of the subsequent meeting between Paul and Katharina, is excellent for its vivid reality, its naturalness and for its tenderness and understanding.

In this room Paul finds himself confronted by a girl who is in many ways already a woman. Certainly her Protestant upbringing enables her to demonstrate without verbiage her awakening love by displaying her breast to Paul, at his request. But it is her 'dispassionate compassion' which gives him hope to proceed along his 'Tal der donnernden Hufe', and to gain the strength to ride eventually to his triumph. 'Ich werde doch dein Jerusalem sein,' she says (p. 64).

Of course, for Böll this triumph can only be in marriage, where 'alles schön ist'. Paul feels some shame and embarrassment, when gazing at Katharina's breasts, in his acknowledgement that 'es ist schön', instead of saying 'sie sind schön'; but this very shame (we recall again the red–white image) lies at the foundation of his triumph: it is at the same time the depth and the first step or stage of the upward course.

The parting between Paul and Katharina is of more significance than that between him and Griff, since the parting from Katharina is but a beginning. Her departure for Vienna to join for a time her father, a man, we are told, of communist sympathies, puts her on the same level as Paul, and both are united in a common fate, which begins with stepping up the valley of trial and tribulation into a mad world of 'donnernden Hufe'. This is tacitly acknowledged by both of them, although perhaps imperfectly understood by either, in that they fulfil their agreement to exchange a prearranged signal as her train bound for Vienna passes the level-crossing outside the little town where both of them live (p. 63). Naturally Griff does not understand at all (p. 68), and even Paul is only partly aware of the deeper significance of this interchange of greeting. '. . . Jerusalem, dachte er, ich hatte es verstanden, aber ich weiß nicht, was es bedeutet' (p. 68). He is no more than fourteen and he is as little ripe to have a woman as he is for confession, and the deeper connection between these two factors is apparent. But he is on the way to a union with one, just as the life of Walter Fendrich in *Das Brot der frühen Jahre* is given direction by the love of and for Hedwig. At the end of the story, Paul feels sure where he really belongs. 'Ich wohne im Tal der donnernden Hufe' he tells the policeman who comes to lead him away after he had shot at the beer advertisement, 'ich wohne in Jerusalem' (p. 77).

Apart from the colour images of red and white, which run like a guide thread through the story, there are many other images which combine to make the general effect more complex and striking. Sounds are often bound up with colours to form a single image. Most insistent of these other images is that of the heels of women's shoes and the staccato noise made by them. This noise merges with the vision of the red and white tiles on the floor of the church to form in Paul's mind a threat of almost terrifying persistence, hammered on an anvil into his consciousness, where soon the valley of the 'donnernden Hufe' becomes an ever-present reality (p. 41). The comfort of the flat heels of the little girls (p. 29) is only a short-lived one.

Smell and touch both add to the force of the general impression, particularly as both occur in unmistakably sensual connections. The lavender perfume of the woman standing near Paul in the queue in church is contrasted with the *Nach-Nichts-Riechen*, the physical anonymity, of the men (pp. 29–30). From this it is only a short way to the *klebrig* and *schlüpfrig* ordinariness and yet suggestiveness of many minor activities of daily life which bore Paul and Griff so much (p. 31). A combination of many of these visual and sensual qualities is concentrated almost fatefully in the appearance of the pistol.

The impression of great distance, coupled with intense interest, is given by the frequent reference to the use of binoculars, a visual image of scenes and objects admitted to very close but only very occasional scrutiny; the main characters stand out even more through the widening of the mental and visual range.

Beyond Paul's personal conflict the reader can see more general issues debated. There is, for example, the satire on sport-fetishism. It is clear that Paul and Griff, and Böll, regard this as opium for an unthinking Bürgertum. The regatta, as a spectacle, is ignored by all the main characters; it is merely inspected at a distance through binoculars and its sounds are carried on the air to the scene of the story. The slighting references to the *Weinromantik* are a clear rejection by Böll, who obviously deplores the persistence of this trait even in his fellow Rheinländer, of whom he is a by no means uncritical observer.

Another form of romanticism is treated more positively. This is the traditional delight of the young in stirring adventures, epitomized in the never-ending warfare between Red Indians and white settlers (red and white image); this is transmuted here into a realization of the *donnernden Hufe* as an accompaniment on a *Leidensweg* towards an emergence from *Tod* and *Sünde*. But Paul realizes this and achieves it without any help or sympathetic understanding from his elders, who are, without exception, representatives of the Bürgertum just referred to. They are merely carriers of a civilization, like the man in the Bible who buried his talents; thus they fail youth. And Böll is clear that it is womankind which alone helps the young to overcome and outlive the conventions and taboos. Their elders fail them, because they still hark back with a sick nostalgia to war and relive this in pistol cleaning rites – a symbol of war play with death, in literally aimless shooting at motionless, lifeless targets – a suffused, lifeless, demonic, negative Jerusalem, where suffering does not have a positive and building-up effect, where even Tirpitz appears in an almost prophetic aura of attempted rehabilitation; the N.P.D. did not raise its head until ten years after this story was published. The nearest approach to war in the story is, significantly, Paul's shots at the beer advertisement; he scores a hit in his shooting at *Waffenbier* – the negative idol of an age, an extension of the jam-jar throwing.

The dialogue on pages 60–61 reveals more than any other part of the book the depth of Paul's bondage. In the scene here described, Paul shows no common lust; nor is there any sense of false shame in him. It is an attitude which carries some conviction, even though it is unusual, if not bizarre. Furthermore, Paul finds in his contretemps with Katharina a release from the intolerable burden which we saw weighing him down in the opening pages of the story. If she has done nothing else, she has at least weaned him from the idea, however, fanciful and unpractical, of suicide, the idea which beset him so much during his dealings with Griff. At the depth of their innocent shame, one great obstacle has been overcome, and the words which Böll puts into their mouths offer a moving epilogue to the story: '. . . Er blickte genau hin, . . . und ein Lachen stieg in ihm auf. . . . "Was ist," fragte sie, "darf ich auch lachen?" "Lach nur," sagte er, und sie lachte. . . . "Es ist sehr schön," sagte er . . . und das Mädchen sah ihn an und lachte laut heraus. "Warum lachst du jetzt?" "Ich bin so froh, und du?" "Ich auch," sagte er.'

1

Der Junge merkte nicht, daß er jetzt an der Reihe war.[1] Er
starrte auf die Fliesen des Ganges, der das Seitenschiff[2] vom
Mittelschiff[2] trennte: rot waren sie und weiß, wabenförmig,[3]
die roten waren weiß, die weißen rot gesprenkelt;[4] schon
konnte er die weißen nicht mehr von den roten unterscheiden,
die Platten verschmolzen ineinander, und die dunkle Spur der
Zementfugen[5] war verwischt, der Boden schwamm vor seinem
Blick wie ein Kiesweg aus roten und weißen Splittern; Rot
stach, Weiß stach, wie ein schmutziges Netz lagen die Fugen
unklar darüber.

»Du bist an der Reihe«, flüsterte eine junge Frau neben ihm, er
schüttelte den Kopf, wies vage mit dem Daumen auf den
Beichtstuhl,[6] und die Frau ging an ihm vorüber; für einen
Augenblick wurde der Lavendelgeruch stärker; dann hörte er
das Murmeln, das schabende Geräusch ihrer Schuhe an der
Holzstufe, auf der sie kniete.

Sünden, dachte er, Tod, Sünden; und die Heftigkeit, mit der er
die Frau plötzlich begehrte, quälte ihn; er hatte nicht einmal
ihr Gesicht gesehen; sanfter Lavendelgeruch, eine junge
Stimme, das leichte und doch so harte Geräusch ihrer hohen
Absätze, als sie die vier Schritte bis zum Beichtstuhl ging:
dieser Rhythmus der harten und doch so leichten Absätze war
nur ein Fetzen der unendlichen Melodie, die ihm Tage und
Nächte hindurch in den Ohren brauste. Abends lag er wach,
bei offenem Fenster, hörte sie draußen übers Pflaster gehen,
über den Asphalt des Gehsteigs: Schuhe, Absätze, hart, leicht,
ahnungslos;[7] Stimmen hörte er, Geflüster, Lachen unter den

Kastanienbäumen. Es gab zu viele von ihnen, und sie waren zu
schön: manche öffneten ihre Handtaschen, in der Straßenbahn,
an der Kinokasse, auf der Ladentheke, ließen ihre offenen
Handtaschen in Autos liegen, und er konnte hineinsehen:
Lippenstifte, Taschentücher, loses Geld, zusammengeknüllte
Fahrscheine, Zigarettenschachteln, Puderdosen.
Immer noch quälten sich seine Augen den Fliesenweg hinauf
und hinunter; dornig war dieser Weg und endlos.[8]
»Sie sind doch an der Reihe«, sagte eine Stimme neben ihm,
und er blickte auf: es geschah nicht oft, daß jemand ›Sie‹ zu
ihm sagte. Ein kleines Mädchen, rotwangig mit schwarzem
Haar. Er lächelte dem Mädchen zu, winkte[9] auch ihr mit dem
Daumen. Ihre flachen Kinderschuhe waren ohne Rhythmus.
Flüstern dort rechts von ihm. Was hatte er gebeichtet,[10] als er
in ihrem Alter war? Ich habe genascht.[11] Ich habe gelogen.
Ungehorsam. Schularbeiten nicht gemacht. Ich habe genascht:
Zuckerdose, Kuchenreste, Weingläser mit den Resten von
Erwachsenenfestlichkeiten. Zigarrenstummel. Ich habe
genascht.
»Du bist an der Reihe.« Schon winkte er mechanisch. Män-
nerschuhe. Flüstern und die Aufdringlichkeit dieses sanften
Nach-nichts-Riechens.[12]
Wieder fielen seine Augen in die roten und weißen Splitter des
Ganges. Seine bloßen Augen schmerzten so heftig, wie seine
bloßen Füße auf einem rauhen Kiesweg geschmerzt hätten.
Die Füße meiner Augen, dachte er, wandern um ihre Münder
wie um rote Seen herum. Die Hände meiner Augen wandern
über ihre Haut.
Sünde, Tod und die anmaßende Unaufdringlichkeit dieses
Nach-nichts-Riechens. Wenn es doch einen gäbe, der nach
Zwiebeln röche, nach Gulasch, Kernseife[13] oder Motor, nach
Pfeifentabak, Lindenblüten oder Straßenstaub, nach dem
wilden Schweiß sommerlicher Mühsal,[14] aber sie rochen alle
unaufdringlich, rochen nach Nichts.

Er hob den Blick über den Gang hinweg, ließ ihn dort drüben ruhen, wo die knieten, die schon absolviert waren und ihre Bußgebete[15] verrichteten. Dort drüben roch es nach Samstag, nach Frieden, Badewasser, Seife, frischem Mohnbrot,[16] nach neuen Tennisbällen, wie seine Schwestern sie sich samstags vom Taschengeld kauften, es roch nach dem klaren, feinen Öl, mit dem Vater samstags immer seine Pistole[17] reinigte: schwarz war sie, glänzend, seit zehn Jahren nicht benutzt, ein makelloses Andenken aus dem Krieg, unauffällig, zwecklos; sie diente nur der Erinnerung, zauberte Glanz auf Vaters Gesicht, wenn er sie auseinandernahm und reinigte; Glanz vergangener Herrschaft über den Tod, der aus den blassen, silbrig glänzenden Magazinen durch einen leichten Federdruck in den Lauf nachgeschoben werden konnte. Einmal in der Woche am Samstag vor dem Stammtisch diese Feierstunde des Zerlegens, Betastens, Ölens der schwarzen Glieder, die auf dem blauen Lappen ausgebreitet lagen wie die eines sezierten Tiers: der Rumpf, die große Metallzunge des Hahns, die kleineren Innereien, Gelenke und Schräubchen; er durfte zuschauen, gebannt stand er da, stumm vor dem Zauber, der auf Vaters Gesicht lag; hier wurde der Kult eines Instruments zelebriert, das auf eine so offenbare und erschreckende Weise seinem Geschlecht glich; der Same des Todes wurde aus dem Magazin nachgeschoben. Auch das kontrollierte Vater: ob die Federn der Magazine noch funktionierten. Sie funktionierten noch, und der Sicherungsflügel bannte den Samen des Todes im Lauf; mit dem Daumen, durch eine winzige zärtliche Bewegung, konnte man ihn befreien, aber Vater befreite ihn nie; zärtlich schoben seine Finger die einzelnen Teile wieder ineinander, bevor er die Pistole unter alten Scheckbüchern und Kontoauszügen begrub.

»Du bist an der Reihe.« Er winkte wieder. Flüstern. Gegengeflüster. Der aufdringliche Geruch von Nichts.

Auf dieser Seite des Ganges, hier roch es nach Verdammnis,

Sünde, der klebrigen Gemeinheit[18] der übrigen Wochentage, von denen der Sonntag der schlimmste war: Langeweile, während auf der Terrasse die Kaffeemaschine summte. Langeweile in der Kirche, im Gartenrestaurant, im Bootshaus, Kino oder im Café, Langeweile in den Weinbergen oben, wo das Wachstum des ›Zischbrunner Mönchsgartens‹[19] kontrolliert wurde, schlanke Finger, die in schlüpfriger Kennerschaft[20] an Trauben herumtasteten; Langeweile, die keinen anderen Ausweg als Sünde anzubieten schien. Überall sah man sie: grünes, rotes, braunes Leder von Handtaschen. Drüben im Mittelschiff sah er den rostfarbenen Mantel der Frau, die er vorgelassen hatte. Er sah ihr Profil, die zarte Nase, die bräunliche Haut, den dunklen Mund, sah ihren Trauring, die hohen Absätze, diese zerbrechlichen Instrumente, in denen die tödliche Melodie sich verbarg:[21] er hörte sie davongehen, einen langen, langen Weg über harten Asphalt, dann über holpriges[22] Pflaster: das leichte und so harte Stakkato der Sünde. Tod, dachte er, Todsünde.

Nun ging sie tatsächlich: sie knipste ihre Handtasche zu, stand auf, kniete nieder, bekreuzigte sich, und ihre Beine teilten den Schuhen, die Schuhe den Absätzen, die Absätze den Fliesen den Rhythmus mit.

Der Gang erschien ihm wie ein Strom, den er nie durchqueren[23] würde: für immer würde er am Ufer der Sünde bleiben. Vier Schritte nur trennten ihn von der Stimme, die lösen und binden konnte,[24] sechs nur waren es bis ins Mittelschiff, wo Samstag herrschte, Frieden, Lossprechung – aber er machte nur zwei Schritte bis zum Gang, erst langsam, dann lief er wie aus einem brennenden Haus hinaus.

Als er die Ledertür[25] aufstieß, trafen ihn Licht und Hitze zu plötzlich, für Augenblicke war er geblendet, seine linke Hand schlug gegen den Türrahmen, das Gebetbuch fiel auf den Boden, er spürte heftigen Schmerz im Handrücken, bückte sich, hob das Buch auf, ließ die Tür zurückpendeln[26] und blieb im Windfang[27] stehen, um die geknickte Seite des Gebetbuches zu glätten. ›Die vollkommene Reue‹ las er, bevor er das Buch zuklappte; er steckte es in die Hosentasche, rieb mit der rechten Hand über den schmerzenden Handrücken der linken und öffnete vorsichtig die Tür, indem er mit dem Knie dagegen stieß: die Frau war nicht mehr zu sehen, der Vorplatz war leer, Staub lag auf den dunkelgrünen Blättern der Kastanien; an der Laterne stand ein weißer Eiskarren, am Haken der Laterne hing ein grauer Leinensack mit Abendzeitungen. Der Eismann saß auf dem Bordstein[28] und las in der Abendzeitung, der Zeitungsverkäufer hockte auf einem Holmen des Eiskarrens[29] und leckte an einer Portion Eis. Eine vorüberfahrende Straßenbahn war fast leer: nur ein Junge stand auf der hinteren Plattform und schwenkte eine grüne Badehose durch die Luft.

Langsam stieß Paul die Tür auf, ging die Stufen hinunter; schon nach wenigen Schritten schwitzte er, es war zu heiß und zu hell, und er sehnte sich nach Dunkelheit.

Manchmal kamen Tage, an denen er alles haßte, nur sich selbst nicht, aber heute war es wie an den meisten Tagen, an denen er nur sich selbst haßte und alles liebte: die offenen Fenster in den Häusern rings um den Platz; weiße Gardinen, das Klirren von Kaffeegeschirr, Männerlachen, den blauen Zigarrenrauch, von jemand ausgestoßen, den er nicht sah; dichte blaue Wolken kamen aus dem Fenster über der Sparkasse;[30] weißer als frischer Schnee war die Sahne auf einem Stück Kuchen, das ein Mädchen im Fenster neben der Apotheke in der Hand hielt, weiß auch die Sahnespur rings um ihren Mund.

Die Uhr über der Sparkasse zeigte halb sechs.

Paul zögerte einen Augenblick, als er den Eiskarren erreicht hatte, einen Augenblick zu lange, so daß der Eismann vom Bordstein aufstand, die Abendzeitung zusammenfaltete, und Paul konnte in der ersten Zeile der Titelseite lesen: ›Chruschtschew‹,[31] und in der zweiten Zeile ›offenes Grab‹; er ging weiter, der Eismann entfaltete die Zeitung wieder und setzte sich kopfschüttelnd auf den Bordstein zurück.

Als Paul um die Ecke an der Sparkasse vorbeigegangen war und um die zweite Ecke bog, konnte er die Stimme des Ansagers hören, der unten am Flußufer das nächste Rennen der Regatta ankündigte: Herrenvierer[32] – Ubia, Rhenus, Zischbrunn 67.[32] Es schien Paul, als rieche und höre er den Fluß, von dem er vierhundert Meter entfernt war: Öl und Algen,[33] den bitteren Rauch der Schleppzüge,[34] das Klatschen der Wellen, wenn die Raddampfer stromabwärts fuhren, das Tuten lang ausheulender Sirenen am Abend; Lampions in den Gartencafés, Stühle, so rot, daß sie wie Flammen im Gebüsch zu brennen schienen. Er hörte den Startschuß, Rufe, Sprechchöre, die zunächst klar im Rhythmus der Ruderschläge riefen: ›Zisch-brunn, Rhe-nuss, U-bja‹, dann sich ineinander verhedderten: ›Rhe-brunn, Zisch-nuss, Bja-Zisch-U-nuss.‹[35] Viertel nach sieben, dachte Paul, bis Viertel nach sieben wird die Stadt so leer bleiben, wie sie jetzt ist. Bis hier oben hin standen die parkenden Autos, leer, heiß, stanken nach Öl und Sonne, standen unter Bäumen, zu beiden Seiten der Straße, in Einfahrten.

Als er um die nächste Ecke bog, den Strom und die Berge übersehen konnte, sah er die parkenden Autos oben auf den Hängen,[36] auf dem Schulhof, sie hatten sich bis in die Einfahrten zu den Weinbergen vorgedrängt. In den stillen Straßen, durch die er ging, standen sie zu beiden Seiten, verstärkten den Eindruck der Verlassenheit; Schmerz verursachte ihm die blitzende Schönheit der Autos, blanke Eleganz, gegen die sich die Besitzer durch häßliche Maskottchen zu schützen schienen: Affenfratzen,[37] grinsende Igel, Zebras, verzerrt, mit gebleckten[38] Zähnen, Zwerge mit tödlichem Grinsen über fuchsigen Bärten.

Deutlicher drangen die Sprechchöre hierher, heller die Rufe, dann die Stimme des Ansagers, der den Sieg des Zischbrunner

Vierers verkündete. Applaus, ein Tusch[39] dann das Lied:
›Zischbrunn, so an den Höhen gelegen, vom Flusse gekost,
vom Weine genährt, von schönen Frauen verwöhnt . . .‹
Trompeten pufften die langweilige Melodie wie Seifenblasen
in die Luft.[39]
Als er in eine Toreinfahrt einbog, war es plötzlich still. In
diesen Hof hinter dem Haus der Griffduhnes[40] drang der
Lärm vom Fluß her nur gedämpft; von Bäumen gefiltert, von
alten Schuppen aufgefangen, von Mauern verschluckt, klang
die Stimme des Ansagers schüchtern herauf: ›Damenzweier.‹[41]
Der Startschuß klang wie die Explosion einer Kinderpistole,
Sprechchöre wie Gesang, der hinter Mauern geübt wird.
Jetzt also schlugen die Schwestern[41] die Paddel ins Wasser,
wurden ihre derben Gesichter ernst, Schweißperlen traten auf
die Oberlippe, dunkel färbten sich die gelben Stirnbänder;
jetzt schraubte die Mutter das Fernglas zurecht,[42] stieß mit
dem Ellenbogen Vaters Hände weg, die nach dem Fernglas zu
greifen versuchten. ›Zisch-Zisch-Brunn-Brunn‹ brüllte ein
Sprechchor, der die anderen übertönte, nur hin und wieder
drang kläglich eine Silbe durch: ›U-nuss, Rhe-bja‹, dann
Gebrüll, das hier im Hof klang, als käme es aus einem
gedrosselten Radioapparat. Der Zischbrunner Zweier hatte
gewonnen: entspannt waren jetzt die Gesichter der Schwestern,
sie rissen die schweißdunklen Stirnbänder herunter,[43] paddel-
ten ruhig aufs Zielboot[44] zu, winkten den Eltern. ›Zisch-
Zisch‹, riefen die Freunde, ›Hoch! Zisch!‹
Über ihre Tennisbälle, dachte Paul, rotes Blut über die weißen
haarigen Bälle.
»Griff,« rief er leise, »bist du oben?«
»Ja,« antwortete eine müde Stimme, »komm rauf!«
Die hölzerne Stiege war vollgesogen mit Sommerhitze, es
roch nach Teer und nach Seilen, die schon seit zwanzig Jahren
nicht mehr verkauft wurden. Griffs Großvater hatte noch alle
diese Schuppen, Gebäude, Mauern besessen. Griffs Vater

besaß kaum noch ein Zehntel davon, und: »Ich,« sagte Griff
immer, »ich werde nur noch den Taubenschlag[45] besitzen, in
dem mein Vater früher einmal Tauben hielt. Man kann sich
bequem darin ausstrecken, und ich werde dort hocken und den
dicken Zeh meines rechten Fußes betrachten – aber auch den
Taubenschlag werde ich nur besitzen, weil sich keiner mehr
dafür interessiert.«

Hier oben waren die Wände mit alten Fotos tapeziert. Dunkelrot waren die Bilder, fast fuchsig, ihr Weiß war wolkig und
gelblich geworden: Picknicks der neunziger, Regatten der
zwanziger, Leutnants der vierziger Jahre;[46] junge Mädchen,
die als Großmütter vor dreißig Jahren gestorben waren,
blickten wehmütig über den Flur auf ihre Lebensgefährten:
Weinhändler, Seilhändler, Werftbesitzer,[47] deren biedermeierliche[48] Wehmut Daguerres frühe Jünger auf die Platte
gebannt hatten;[49] ein Student aus dem Jahre 1910 blickte
ernst auf seinen Sohn: einen Fähnrich,[50] der am Peipus-See
erfroren war.[51] Gerümpel stand auf dem Flur, dazwischen ein
modisches Bücherbrett mit Einmachgläsern, leeren, in denen
die schlaffen roten Gummiringe zusammengerollt lagen, volle,
deren Inhalt nur an wenigen Stellen durch den Staub hindurch
zu sehen war; dunkles Pflaumenmus[52] oder Kirschen, deren
Röte kraftlos war, blaß wie die Lippen kränklicher Mädchen.
Griffduhne lag mit entblößtem Oberkörper auf dem Bett;
seine weiße, eingefallene Brust stach erschreckend gegen seine
roten Wangen ab: er sah aus wie eine Mohnblume, deren Stiel
schon abgestorben ist. Ein rohleinenes[53] Bettuch hing vor dem
Fenster, wie geröntgt[54] von der Sonne waren Flecken darin
sichtbar; das Sonnenlicht drang, zu einer gelben Dämmerung
gefiltert, ins Zimmer. Schulbücher lagen auf der Erde, eine Hose
hing über dem Nachttisch, Griffs Hemd über dem Wasch-
becken; ein Jackett aus grünem Samt hing an einem Nagel
an der Wand zwischen dem Kruzifix und Fotos aus Italien:
Esel, Steilküste, Kardinäle. Ein offenes Glas Pflaumenmus,

in dem ein Blechlöffel stak,[55] stand auf dem Fußboden neben dem Bett.

»Sie rudern schon wieder; Rudern, Paddeln, Wassersport – das sind so ihre Probleme. Tanz, Tennis, Winzerfest,[56] Abschlußfeiern. Lieder. Bekommt das Rathaus goldene, silberne oder kupferne Säulen? Mein Gott, Paul,« sagte er leise, »bist du tatsächlich dort gewesen?«

»Ja.«

»Und?«

»Nichts, ich bin wieder gegangen. Ich konnte nicht. Es ist sinnlos. Und du?«

»Ich geh schon lange nicht mehr hin. Wozu? Ich habe darüber nachgedacht, welches die richtige Größe für unser Alter ist: ich bin zu groß für vierzehn, sagen sie, du bist zu klein für vierzehn. Kennst du einen, der die richtige Größe hat?«

»Plokamm[57] hat die richtige Größe.«

»Na, und möchtest du sein wie er?«

»Nein.«

»Na, siehst du,« sagte Griff, »es gibt . . .« Er stutzte,[58] schwieg, beobachtete Pauls Blick, der suchend und unruhig durchs Zimmer glitt. »Was ist los? Suchst du etwas?«

»Ja,« sagte Paul, »wo hast du sie?«

»Die Pistole?«

»Ja, gib sie mir.« Über dem Karton mit den frischen Tennisbällen werde ich es tun, dachte er. »Komm,« sagte er heftig, »rück sie raus.«[59]

»Ach«, sagte Griff, schüttelte den Kopf, nahm verlegen den Löffel aus dem Pflaumenmus, steckte ihn wieder ins Glas, legte die Hände ineinander. »Nein, laß uns lieber rauchen. Wir haben Zeit bis Viertel nach sieben. Rudern, Paddeln – vielleicht wird es noch später. Gartenfest. Lampions. Siegerehrung.[60] Deine Schwestern haben im Zweier gewonnen. Zisch, zisch zisch . . .« machte er leise.

»Zeig mir die Pistole.«

»Ach, wozu.« Griff richtete sich auf, packte das Einmachglas
und warf es gegen die Wand: Scherben fielen herunter, der
Löffel schlug auf die Kante des Bücherbords, von dort fiel er
im Salto[61] vors Bett. Das Mus klatschte auf ein Buch, auf dem
›Algebra I‹ stand, ein Rest floß in sämiger[62] Bläue über die
gelbe Tünche der Wand, verfärbte sich grünlich. Ohne Bewegung, ohne ein Wort zu sprechen, blickten die Jungen auf
die Wand. Als der Lärm des Aufschlags verklungen, der letzte
Rest Brühe heruntergeflossen war, blickten sie sich erstaunt
an: das Zerschmettern des Glases hatte sie nicht berührt.

»Nein,« sagte Paul, »das ist nicht das Richtige. Die Pistole ist
besser, vielleicht auch Feuer, ein Brand – oder Wasser, am
besten die Pistole. Töten.«

»Wen denn?« fragte der Junge auf dem Bett; er beugte sich
herunter, hob den Löffel auf, leckte ihn ab und legte ihn mit
zärtlicher Behutsamkeit auf den Nachttisch.

»Wen denn?«

»Mich,« sagte Paul heiser, »Tennisbälle.«

»Tennisbälle?«

»Ach, nichts, gib sie mir. Jetzt.«

»Gut«, sagte Griff, er riß das Bettuch beiseite, sprang auf, stieß
die Scherben des Glases mit dem Fuß weg, bückte sich und
nahm einem schmalen braunen Karton aus dem Bücherbord.
Der Karton war nur wenig größer als eine Zigarettenschachtel.

»Was,« sagte Paul, »das ist sie? Da drin?«

»Ja,« sagte Griff, »das ist sie.«

»Und damit hast du auf dreißig Meter Entfernung achtmal auf
eine Konservendose geschossen und hast siebenmal getroffen?«

»Ja, siebenmal,« sagte Griff unsicher, »willst du sie nicht mal
ansehen?«

»Nein, nein«, sagte Paul; er blickte zornig auf den Karton, der
nach Sägemehl[63] roch, nach der Masse, in die Knallkorken
eingebettet waren.[64] »Nein, nein, ich will sie nicht ansehen.
Zeig mir die Munition.«

Griff bückte sich. Aus seinem langen, blassen Rücken sprangen die Wirbelknochen heraus, verschwanden wieder, und diesmal hatte er den Karton, der so groß war wie eine Zündholzschachtel, schnell geöffnet. Paul nahm eins von den kupfernen Geschossen,[65] hielt es zwischen zwei Fingerspitzen, wie um seine Länge zu prüfen, drehte es hin und her, betrachtete kopfschüttelnd den runden, blauen Kopf des Geschosses. »Nein,« sagte er, »da ist doch nichts dran. Mein Vater hat eine – ich werde die von meinem Vater holen.«

»Die ist doch weggeschlossen«, sagte Griff.

»Ich werde sie schon kriegen. Es muß nur vor halb acht sein. Dann reinigt er sie immer, bevor er zum Stammtisch[66] geht, nimmt sie auseinander: sie ist groß, schwarz und glatt, schwer, und die Geschosse sind dick, so«–er zeigte es–»und . . .« er schwieg, seufzte: über den Tennisbällen, dachte er.

»Willst du dich denn wirklich erschießen, richtig?«

»Vielleicht«, sagte Paul. Die Füße meiner Augen sind wund, die Hände meiner Augen sind krank, dachte er. »Ach, du weißt doch.«

Griffs Gesicht wurde plötzlich dunkel und starr, er schluckte, ging auf die Tür zu, wenige Schritte nur; dort blieb er stehen. »Du bist doch mein Freund,« sagte er, »oder nicht?«

»Doch.«

»Dann hol auch ein Glas und wirf es an die Wand. Willst du das tun?«

»Wozu?«

»Meine Mutter,« sagte Griff, »meine Mutter hat gesagt, sie will sich das Zimmer ansehen, wenn sie von der Regatta kommt, will sehen, ob ich mich gebessert habe. Ordnung und so. Sie hat sich über mein Zeugnis geärgert. Sie soll sich mein Zimmer ansehen – holst du das Glas jetzt?«

Paul nickte, ging auf den Flur hinaus und hörte Griff rufen: »Nimm Mirabellen,[67] wenn noch welche da sind. Was Gelbes würde gut aussehen, netter als dieser rötlich-blaue Schmier.«

Paul wischte im Halbdunkel draußen an den Gläsern herum,[68] bis er ein gelbes entdeckt hatte. Sie werden es nicht begreifen, dachte er, keiner wird es begreifen, aber ich muß es tun; er ging ins Zimmer zurück, hob die rechte Hand und warf das Glas gegen die Wand. »Es ist nicht das Richtige,« sagte er leise, während sie beide die Wirkung des Wurfes beobachteten, »es ist nicht das, was ich möchte.«

»Was möchtest du denn?«

»Ich möchte was zerstören,« sagte Paul, »aber nicht Gläser, nicht Bäume, nicht Häuser – ich will auch nicht, daß deine Mutter sich ärgert oder meine; ich liebe meine Mutter, auch deine – es ist so sinnlos.«

Griff ließ sich aufs Bett zurückfallen, bedeckte sein Gesicht mit den Händen und murmelte: »Kuffang[69] ist zu diesem Mädchen gegangen.«

»Zu der Prohlig?«[69]

»Ja.«

»Ach,« sagte Paul, »bei der war ich auch.«

»Du?«

»Ja. Sie ist nicht ernst. Kichert da im Hausflur herum – dumm, sie ist dumm. Weiß nicht, daß es Sünde ist.«

»Kuffang sagt, daß es schön ist.«

»Nein, ich sage dir, es ist nicht schön. Kuffang ist auch dumm, du weißt doch, daß er dumm ist.«

»Ich weiß es, aber was willst du tun?«

»Nichts mit Mädchen – die kichern. Ich habe es versucht. Sie sind nicht ernst – kichern da herum.« Er ging zur Wand, schmierte mit dem Zeigefinger durch den großen Klecks Mirabellenmus. »Nein,« sagte er, ohne sich umzuwenden, »ich gehe, ich hole die Pistole meines Vaters.«

Über die Tennisbälle, dachte er. Sie sind so weiß wie gewaschene Lämmer. Über die Lämmer hin das Blut.

»Frauen,« sagte er leise, »nicht Mädchen.«

Der gefilterte Lärm von der Regatta her drang schwach ins

Zimmer. Herrenachterrudern. Zischbrunn. Diesmal gewann Rhenus. Langsam trocknete das Mus an der hölzernen Wand, wurde hart wie Kuhfladen,[70] Fliegen summten im Zimmer umher, süßlich roch es, Fliegen krochen über Schulbücher, Kleider, flogen gierig von einem Klecks, von einer Pfütze zur anderen, zu gierig, um auf einer Pfütze zu verharren.[71] Die beiden Jungen rührten sich nicht. Griff lag auf dem Bett, starrte an die Decke und rauchte. Paul hockte auf der Bettkante, nach vorne gebeugt wie ein alter Mann; tief in ihm, über ihm, an ihm haftete eine Last,[72] für die er keinen Namen wußte, dunkel war sie und schwer. Plötzlich stand er auf, lief auf den Gang hinaus, ergriff eins der Einmachgläser, kam ins Zimmer zurück, hob das Glas – aber er warf nicht, blieb mit dem Glas in der erhobenen Hand stehen, langsam sank sein Arm, der Junge setzte das Glas ab, auf einen Papiersack, der dort zusammengefaltet auf dem Bücherbord lag. ›Hosen-Fürst‹,[73] stand auf dem Papiersack, ›Hosen nur von Hosen-Fürst‹.

»Nein,« sagte er, »ich geh und hol sie.«
Griff blies den Rauch seiner Zigarette auf die Fliegen zu, zielte dann mit dem Stummel auf eine der Pfützen, Fliegen flogen hoch, setzten sich zögernd um den qualmenden Stummel herum, der langsam ins Mus hineinsank und verzischte.
»Morgen abend«, sagte er, »werde ich in Lübeck sein, bei meinem Onkel; fischen werden wir, segeln und baden in der Ostsee;[74] und du, du wirst morgen im Tal der donnernden Hufe sein.«[75] Morgen, dachte Paul, der sich nicht rührte, morgen will ich tot sein. Blut über die Tennisbälle, dunkelrot wie im Fell des Lammes; das Lamm wird mein Blut trinken. O Lamm. Den kleinen Lorbeerkranz der Schwestern werde ich nicht mehr sehen: ›Den Siegerinnen im Damen-Zweier‹, schwarz auf gold; oben wird er hängen zwischen den Ferienfotos aus Zalligkofen,[76] zwischen vertrockneten Blumensträußen und Katzenbildern; neben dem eingerahmten

›Zeugnis der mittleren Reife‹,[77] das über Rosas Bett hing neben
dem Diplom fürs Fahrtenschwimmen,[78] das über Franziskas
Bett hing; zwischen den Farbdrucken der Schutzpatroninnen:[79]
Rosa von Lima, Franziska Romana; neben dem anderen
Lorbeerkranz: ›Den Siegerinnen im Damen-Doppel‹; unter
dem Kruzifix. Hart wird das dunkelrote Blut im Flaum der
Tennisbälle kleben, Blut des Bruders, der den Tod der Sünde
vorzog.

»Einmal muß ich es sehen, das Tal der donnernden Hufe,«
sagte Griff, »ich muß dort oben sitzen, wo du immer sitzt, muß
sie hören, die Pferde, wie sie den Paß heraufkommen, zum See
hinunter galoppieren, hören muß ich, wie ihre Hufe in der
engen Schlucht donnern – wie ihr Wiehern über die Ber-
geshöhen hinausfließt – wie – wie eine leichte Flüssigkeit.«
Paul blickte verächtlich auf Griff, der sich aufgerichtet hatte
und begeistert beschrieb, was er nie gesehen hatte: Pferde, viele,
die über den Paß kamen, mit donnernden Hufen ins Tal
galoppierten. Aber es war nur *eins* dort gewesen, und nur
*ein*mal: ein junges, das aus der Koppel gestürmt, zum See
hinunter gelaufen war, und das Geräusch der Hufe war nicht
wie Donnern gewesen, nur wie Klappern, und so lange schon
war es her, drei, vielleicht vier Jahre.

»Und du«, sagte er leise, »wirst also fischen gehen und segeln,
baden, und die kleinen Bäche hinaufwandern, in Wasser-
stiefeln, und Fische mit der Hand fangen.«

»Ja,« sagte Griff müde, »mein Onkel fängt Fische mit der
Hand, sogar Lachse, ja –« Er sank aufs Bett zurück und
seufzte. Sein Onkel in Lübeck hatte noch nie einen Fisch ge-
fangen, nicht einmal mit der Angel oder im Netz, und er, Griff,
zweifelte daran, ob es in der Ostsee und den kleinen Bächen
dort oben überhaupt Lachse gab. Sein Onkel besaß nur eine
kleine Marinadenfabrik;[80] in alten Schuppen auf dem Hinter-
hof wurden die Fische aufgeschlitzt, ausgenommen, ein-
gesalzen oder eingelegt, in Öl oder Tomatenbrühe; sie wurden

in Büchsen gepreßt von einer alten Maschine, die sich wie ein
müder Amboß stöhnend über die winzigen Büchsen warf, die
Fische ins Weißblech einsperrte. Klumpen feuchten Salzes
lagen auf dem Hof herum, Gräten und Fischhaut, Schuppen
und Eingeweide, Möwen kreischten, und helles rotes Blut
spritzte auf die weißen Arme der Arbeiterinnen, rann wässerig
von den Armen herunter.

»Lachse«, sagte Griff, »sind glatt, silbern und rosa, stark sind
sie, viel zu schön, um gegessen zu werden; wenn du sie in der
Hand hältst, kannst du ihre starken Muskeln spüren.«

Paul schauderte: sie hatten Weihnachten einmal Lachs aus
Büchsen gegessen, eine kittfarbene Masse, von rosigem Saft
umspült, mit Splittern von Gräten durchsetzt.[81]

»Und du kannst sie in der Luft fangen, wenn sie springen«,
sagte Griff; er erhob sich, kniete sich aufs Bett, warf die ge-
spreizten Hände in die Luft, näherte sie einander, bis sie wie zu
einem Würgegriff bereit standen; diese starren Hände, das
unbewegte Gesicht des Jungen, alles schien zu jemand zu
gehören, der eine strenge Gottheit anbetet: das sanfte gelbe
Licht umfloß diese starren Jungenhände, gab dem roten
Gesicht eine dunkle, bräunliche Färbung – »So«, sagte Griff
leise, schnappte dann mit den Händen nach dem Fisch, der
nicht da war, ließ die Hände plötzlich herunterfallen, schlaff,
wie tot an seiner Seite herunterbaumeln. »Ach«, sagte er,
sprang vom Bett herunter, nahm den Karton mit der Pistole
vom Bücherbrett, öffnete ihn, bevor Paul sich abwenden
konnte, und hielt ihm die offene Unterseite des Kartons mit
der Pistole hin. »Sieh sie dir jetzt an,« sagte er, »sieh sie dir an.«
Die Pistole sah kläglich aus, nur in der Härte des Materials
unterschied sie sich von einer Kinderpistole, sie war noch
flacher, nur die Gediegenheit des Nickels gab ihr ein wenig
Glanz und eine Spur von Ernst. Griffduhne warf den offenen
Karton mit der Pistole in Pauls Schoß, nahm das verschlossene
Einmachglas vom Bücherbord, schraubte den Deckel ab, löste

den fauligen Gummiring aus der Fuge, nahm die Pistole aus dem Karton, versenkte sie langsam im Mus; die Jungen beobachteten beide, wie der Spiegel des Eingemachten sich nur wenig hob, kaum über die Verengung des Halses hinaus. Griff legte den Gummiring wieder in die Fuge, schraubte den Deckel auf und stellte das Glas auf das Bücherbord zurück.

»Komm,« sagte er, und sein Gesicht war wieder hart und dunkel, »komm, wir holen uns deines Vaters Pistole.«

»Du kannst nicht mitgehen«, sagte Paul, »Ich muß ins Haus einsteigen, weil sie mir keinen Schlüssel gegeben haben, von hinten muß ich rein;[82] es würde auffallen; sie haben mir keinen Schlüssel gegeben, weil sie glauben, daß ich zur Regatta komme.«

»Rudern,« sagte Griff, »Wassersport, das ist es, was sie im Kopf haben.« Er schwieg, und sie lauschten beide zum Fluß hin: die Rufe der Eisverkäufer waren zu hören, Musik, Trompetenstöße, ein Dampfer tutete.

»Pause«, sagte Griff. »Noch Zeit genug. Gut, geh allein, aber versprich mir, daß du mit der Pistole herkommst. Versprichst du es mir?«

»Ja.«

»Gib mir die Hand.«

Sie gaben sich die Hände: die waren warm und trocken, und sie wünschten beide, des anderen Hand wäre härter gewesen.

»Wie lange wirst du brauchen?«

»Zwanzig Minuten,« sagte Paul, »ich habe es so oft ausgedacht, aber noch nie getan – mit dem Schraubenzieher. Zwanzig Minuten werde ich brauchen.«

»Gut«, sagte Griff, warf sich auf dem Bett herum und nahm die Armbanduhr aus dem Nachttisch. »Es ist zehn vor sechs, um Viertel nach wirst du zurück sein.«

»Um Viertel nach«, sagte Paul. Er blieb zögernd in der Tür stehen, betrachtete die großen Kleckse an der Wand: gelb und rotblau. Schwärme von Fliegen klebten an den Klecksen, aber

D

keiner von den Jungen rührte eine Hand, sie wegzuscheuchen. Lachen kam vom Flußufer herauf: die Wasserclowns hatten begonnen, die Pause zu würzen.[83] Ein ›Ah‹ kam wie ein großer, sanfter Seufzer, die Jungen blickten erschrocken auf das Betttuch, als erwarteten sie, daß es sich blähen würde, aber es hing schlaff, gelblich, die Schmutzflecke waren dunkler geworden, die Sonne war weiter nach Westen gerückt.

»Wasserski,« sagte Griff, »die Weiber[84] von der Hautcremefirma.« Ein ›Oh‹ kam vom Fluß herauf, Stöhnen, und wieder blähte das Bettuch sich nicht.

»Die einzige,« sagte Griff leise, »die einzige, die wie eine Frau aussieht, ist die Mirzowa.« Paul rührte sich nicht.

»Meine Mutter«, sagte Griff, »hat den Zettel entdeckt, auf dem die Sachen von der Mirzowa[85] standen – und ihr Bild.«

»Mein Gott,« sagte Paul, »hast du auch einen gehabt?«[86]

»Ja,« sagte Griff, »ja. Ich hab mein ganzes Taschengeld dafür gegeben – ich – ich weiß nicht, warum ich es getan habe. Ich hab den Zettel gar nicht angesehen, gar nicht gelesen, hab ihn ins Zeugnisheft gesteckt, und meine Mutter fand ihn. Weißt du, was drauf stand?«

»Nein,« sagte Paul, »nein, es ist sicher gelogen, und ich will es nicht wissen. Alles, was Kuffang tut, ist gelogen. Ich will . . .«

»Geh,« sagte Griff heftig, »geh schnell und hol die Pistole, komm zurück. Du hast es versprochen. Geh, geh.«

»Gut,« sagte Paul, »ich gehe.« Er wartete noch einen Augenblick, lauschte zum Fluß hin: Lachen drang herauf, Trompetenstöße. ›Daß ich nie an die Mirzowa gedacht habe –.‹ Und er sagte noch einmal: »Gut«, und ging.

2

Stempel könnten so sein, dachte sie, Miniaturen oder bunte Medaillen: scharf ausgestochen waren die Bilder, rund und klar, eine ganze Serie. Sie sah es aus zwölfhundert Meter Entfernung, durchs Fernglas zwölffach vergrößert: die Kirche mit Sparkasse und Apotheke, mitten auf dem grauen Platz ein Eiskarren: das erste Bild, unverbindlich und unwirklich; ein Stück vom Flußufer, darüber als halbrunden Horizont grünes Wasser, Boote darauf, bunte Wimpel, das zweite Bild, die zweite Miniatur. Die Serie ließ sich beliebig[87] erweitern: Hügel mit Wald und Denkmal; drüben – wie hießen sie doch? – Rhenania und Germania, fackeltragende, stabile Weibsbilder mit strengen Gesichtern auf Bronzesockeln, einander zugewandt;[88] Weinberge, mit grünen Weinstöcken – salzig kam der Haß in ihr hoch, bitter und wohltuend: sie haßte den Wein; immer sprachen sie vom Wein, und alles, was sie taten, sangen und glaubten, wurde mit Wein in einen feierlichen Zusammenhang gebracht: aufgedunsene Gesichter, Münder, aus denen saurer Atem kam, heisere Fröhlichkeit, Rülpser, kreischende Weiber, die schwammige Dummheit der Männer, die glaubten, diesem – wie hieß er doch? – Bacchus ähnlich zu sein. Dieses Bild hielt sie lange fest: dieses kleine Bild klebe ich bestimmt in das Album meiner Erinnerungen ein, rundes Bild aus Grün, Weinberg mit Stöcken. Vielleicht, dachte sie, könnte ich an dich glauben, du, der du[89] ihr Gott bist, wäre es nicht Wein, aus dem dein Blut für sie verwandelt wird, verschwendet an sie, vergossen für diese nichtsnutzigen Dummköpfe. Scharf wird

meine Erinnerung sein, so sauer, wie die Trauben um diese
Zeit schmecken, wenn man sich eine von den erbsengroßen
Beeren abpflückt. Klein waren alle Bilder, klar und zum
Einkleben fertig: Miniaturen aus Himmelsblau, Ufergrün,
Flußgrün, Fahnenrot, mit Lärm untermischt, der unter die
Bilder strömte, wie im Kino, gesprochener Text, hineinge-
schnittene Musik: Sprechchöre, Hurrarufe, Siegesgeheul,
Trompetenklang, Lachen, und die kleinen, weißen Boote darin,
so winzig wie Federn junger Vögel, so leicht auch und so
schnell verweht, flink huschten[90] die weißen Federn durchs
grüne Wasser; wenn sie den Rand des Fernglases erreicht
hatten, brauste der Lärm ein wenig stärker auf. So also werde
ich alles in Erinnerung behalten: nur ein kleines Album voll
Miniaturen.

Eine winzige Drehung am Fernglas, und schon verschwamm
alles, Rot mit Grün, Blau mit Grau; noch eine Drehung der
Schraube, und es blieb nur ein runder Fetzen Nebel, in dem
Lärm ertönte wie Hilfegeschrei einer verirrten Bergsteiger-
gruppe, Rufe der Rettungsmannschaft.

Sie schwenkte das Glas, wanderte langsam damit über den
Himmel, stach sich runde Stücke Blau heraus; so wie die
Mutter, wenn sie Plätzchen buk,[91] mit den Blechformen in den
gleichmäßig gelben Teig stach, so stach sie in den gleich-
mäßigen blauen Himmel: runde Plätzchen Himmel – blau,
viele, viele. Aber auch dort, wo ich hinfahren werde, wird es
blauen Himmel geben, wozu also diese Miniaturen ins Album
kleben? Weg damit. Langsam ließ sie das Glas gleiten. Vor-
sicht, dachte sie, jetzt fliege ich, und sie spürte leichten Schwindel, als sie vom Blau des Himmels auf die Bäume der Allee
zuflog, in weniger als einer Sekunde mehr als einen Kilometer
durchmaß; an den Bäumen vorbei, über den grauen Schiefer
des Nachbarhauses – dann sah sie in ein Zimmer hinein: eine
Puderdose, eine Madonna, ein Spiegel, ein einzelner schwarzer
Männerschuh auf blankem Fußboden; sie flog weiter, zum

Wohnzimmer: ein Samowar,[92] eine Madonna, ein großes Familienfoto, die Messingleiste,[93] für den Teppich und der braunrote, warme Schimmer von Mahagoni. Sie hielt an, aber noch schwang der Schwindel in ihr nach, pendelte nur langsam aus:[94] dann sah sie den offenen Karton mit den schneeweißen Tennisbällen in der Diele – wie häßlich diese Bälle aussehen, dachte sie, so wie an Frauenstatuen, die ich nicht mag, manchmal die Brüste aussehen; die Terrasse: ein Sonnenschirm, ein Tisch mit Decke und schmutzigem Geschirr, eine leere Weinflasche, auf der noch die weiße Stanniolkapsel[95] steckte; oh, Vater, dachte sie, wie schön, daß ich zu dir fahren werde, und wie schön, daß du kein Weintrinker, sondern ein Schnapstrinker bist.

Vom Garagendach tropfte an einigen Stellen flüssiger Teer; dann erschrak sie, als Pauls Gesicht – vierundzwanzig Meter, unendlich weit und im Fernglas doch nur zwei Meter von ihr entfernt – direkt auf sie zukam. Sein bleiches Gesicht sah aus, als habe er etwas Verzweifeltes vor: er blinzelte gegen die Sonne an, hatte die Arme mit geballten Fäusten schlaff herunter hängen, so als trüge er etwas, aber er trug nichts; leer waren diese Fäuste, verkrampft, er bog um die Garagenecke, schwitzend, mühsam atmend, sprang auf die Terrasse, Geschirr klirrte auf dem Tisch; er rappelte an der Tür, machte zwei Schritte nach links, schwang sich auf die Fensterbank und sprang ins Zimmer. Silbern sang der Samowar auf, als Paul gegen die Anrichte stieß; im Inneren des Schrankes teilten die Ränder der Gläser einander die Erschütterung mit, zirpten noch, als der Junge weiterlief,[96] über die Messingleiste an der Schwelle; bei den Tennisbällen stockte er, bückte sich, berührte die Bälle aber nicht; lange blieb er dort stehen, streckte wieder die Hände aus, fast wie zur Segnung oder Zärtlichkeit, zog plötzlich ein kleines Buch aus der Tasche,[97] warf es auf den Boden, hob es wieder auf, küßte es und legte es auf den kleinen Kasten unter dem Garderobenspiegel; dann sah sie

nur noch seine Beine, als er die Treppe hinauflief, und im
Zentrum dieser Miniatur blieb der Karton mit den Tennisbällen.

Sie seufzte, senkte das Glas, ließ den Blick lange auf dem
Muster des Teppichs ruhen: rostrot war er, schwarz gemustert
mit unzähligen Quadraten, die sich zu Labyrinthen miteinander
verbanden, immer sparsamer wurde zur Mitte jedes Labyrinths
das Rot, heftiger das Schwarz, stechend fast in seiner Makello-
sigkeit.

Sein Schlafzimmer lag vorne, zur Straße hin; sie wußte es noch
aus der Zeit, als er mit ihr noch hatte spielen dürfen: es mußte
ein oder zwei Jahre her sein, sie hatte es so lange gedurft, bis
er angefangen hatte, mit so merkwürdiger Hartnäckigkeit auf
ihre Brust zu starren, daß es sie im Spiel störte, und sie hatte
gefragt: Was guckst du so, willst du es sehen? und er hatte wie
im Traum genickt; sie hatte die Bluse geöffnet, und erst, als es
zu spät war, hatte sie gewußt, daß es falsch war; daß es falsch
war, sah sie nicht einmal in seinen Augen, sondern in den
Augen seiner Mutter, die die ganze Zeit über im Zimmer gewesen war, nun herbeikam und schrie, während das Dunkle in
ihren Augen hart wurde wie Stein – ach, auch diesen Schrei
muß ich auf einer der Schallplatten meiner Erinnerung fest-
halten; so müssen die Schreie gewesen sein bei den Hexen-
verbrennungen, von denen der Mann immer erzählte, der mit
Mutter diskutieren kam; er sah aus wie ein Mönch, der nicht
mehr an Gott glaubt – und die Mutter sah aus wie eine Nonne,
die nicht mehr an ihren Gott glaubt: heimgekehrt in dieses
Zischbrunn, nach Jahren bitterer Enttäuschung, salzigen
Irrtums, konserviert in ihrem verlorenen Glauben an etwas,
das Kommunismus hieß, schwimmend in der Lauge der
Erinnerung an einen Mann, der Mirzow hieß, Schnaps trank
und den Glauben, den sie verlor, nie gehabt hatte; salzig wie
ihr Herz waren auch die Worte der Mutter.[98]

Schrei über Teppichmuster hin, zerstörtes Spiel am Boden:

Modelle von Eigenheimen, für die sein Vater vor zwanzig
Jahren einmal Generalvertreter gewesen war, Häuschen, wie
sie seit zwanzig Jahren nicht mehr gebaut wurden; alte Rohr-
postbüchsen[99] aus dem Bankhaus, Seilmuster, die der andere
Junge – ja, Griff hieß er – beigesteuert hatte; Korken ver-
schiedener Größe, verschiedener Form; Griff war an diesem
Nachmittag nicht dabeigewesen. Alles zerstört von diesem
Schrei, der für die Zukunft wie ein Fluch über ihr hängen blieb:
sie war das Mädchen, das getan hatte, was man nicht tut.
Während sie seufzte, ruhte ihr Auge lange auf dem rostroten
Teppich, bewachte die blinkende Schwelle, auf der seine
braunen Halbschuhe[100] wieder erscheinen mußten.
Müde schwenkte sie zum Tisch hinüber: unter dem Sonnenschirm auf der Terrasse ein Obstkorb, dunkelbraunes
Geflecht[101] voller Apfelsinenschalen, die Weinflasche mit dem
Etikett: ›Zischbrunner Mönchsgarten‹; Stilleben reihten sich
nun nebeneinander, unterströmt vom Lärm der Regatta:
schmutzige Teller mit Spuren von Eiskrem; die zusammengefaltete Abendzeitung, sie konnte das zweite Wort der Schlag-
zeile lesen: ›Chruschtschew‹, das zweite der zweiten Zeile:
›offenes Grab‹; Zigaretten mit braunem Filtermundstück,
andere weiß, im Aschenbecher zerdrückt, ein Prospekt von
einer Eisschrankfirma – aber sie hatten doch längst einen! –
eine Streichholzschachtel; rotbraun das Mahagoni, wie ge-
maltes Feuer auf alten Bildern, strahlend der Samowar auf
dem Büfett, silbern und blank, seit Jahren unbenutzt leuchtend
wie eine seltsame Trophäe. Teewagen mit Salzfaß und Senftopf,
das große Familienfoto: die Kinder mit Eltern am Tisch in
einem Ausflugslokal, im Hintergrund der Weiher mit Schwänen,
dann die Kellnerin mit dem Tablett, auf dem zwei Bierkrüge
und drei Limonadeflaschen standen; vorne die Familie am
Tisch: rechts, von der Seite zu sehen, der Vater, hielt eine
Gabel vor der Brust, auf die ein Stück Fleisch gespießt war,
Nudeln ringelten sich ums Fleisch herum, links die Mutter,

zerknüllte Serviette in der Linken, einen Löffel in der rechten
Hand; in der Mitte die Kinder, mit den Köpfen unter dem
Rand des Tabletts der Kellnerin: Eisbecher reichten ihnen
bis zum Kinn, Lichtflecken, vom Laub gefiltert, lagen auf
ihren Wangen, in der Mitte, eingerahmt von den Lockenköpfen[102] der Schwestern, der, der eben so lange bei den
Tennisbällen stehen geblieben, dann nach oben gelaufen war:
noch hatten seine braunen Halbschuhe die Messingleiste nicht
wieder überschritten.

Wieder die Bälle, rechts davon die Garderobe, Strohhüte, ein
Regenschirm, ein Leinenbeutel, aus dem der Stiel einer
Schuhbürste hervorsah; im Spiegel das große Bild, das links
in der Diele hing: eine Frau, die Trauben pflückte, mit
traubigen Augen, traubigem Mund.

Müde setzte sie das Glas ab, und ihre Augen stürzten über die
verlorene Distanz hinweg, schmerzten, sie schloß sie. Rostrote
und schwarze Kreise tanzten hinter ihren geschlossenen Lidern,
sie öffnete sie wieder, erschrak, als sie Paul über die Schwelle
kommen sah; er hatte etwas in der Hand, das silbern im
Sonnenschein blitzte, und diesmal blieb er nicht bei den Tennisbällen stehen; nun, da sie sein Gesicht ohne Glas sah – heraus-
geworfen war es aus ihrer Sammlung von Miniaturen – nun
war sie sicher, daß er etwas Verzweifeltes tun würde: wieder
sang der Samowar, wieder teilten die Gläser im Innern des
Schrankes einander die Erschütterung mit, zirpten wie Weiber,
die sich Geheimnisse verraten; Paul kniete in der Fensterecke
auf dem Teppich, sie sah von ihm nur noch den rechten Ellenbogen, der sich wie ein Kolben gleichmäßig bewegte, immer
wieder nach vorne in einer bohrenden Bewegung verschwand –
sie suchte erregt in ihrer Erinnerung, woher sie diese Bewegung kannte, ahmte dieses bohrende Pumpen nach und
wußte es: er hatte einen Schraubenzieher in der Hand; das rot-
gelb karierte Hemd kam, ging, stand still – Paul flog ein Stück
nach rückwärts, sie sah sein Profil, hob das Glas an die Augen,

erschrak über die plötzliche Nähe und blickte in die offene
Schublade: blaue Scheckbücher lagen da, waren mit weißer
Schnur säuberlich gebündelt, und Kontoauszüge, die in ihren
Lochungen durch blaue Schnur verbunden waren; hastig
stapelte Paul die Pakete neben sich auf den Teppich, drückte
dann etwas an die Brust, das in einen blauen Lappen einge-
wickelt war, legte es auf den Boden, stapelte die Scheckbücher und Kontoauszüge wieder in die Schublade zurück,
und wieder sah sie nur, während das Bündel in dem blauen
Lappen neben ihm lag, die pumpende bohrende Bewegung
seines Ellenbogens.

Sie schrie, als er den Lappen abgewickelt hatte: schwarz, glatt,
ölig glänzend lag die Pistole in der Hand, die viel zu klein für
sie war; es schien, als habe das Mädchen den Schrei durchs
Fernglas auf ihn geschossen; er wandte sich um, sie ließ das
Glas sinken, kniff die schmerzenden Augen zusammen und
rief: »Paul! Paul!«

Er hielt die Pistole vor seine Brust, als er langsam aus dem
Fenster auf die Terrasse kletterte.

»Paul,« rief sie, »komm doch durch den Garten hierher.«

Er steckte die Pistole in die Tasche, hielt die Hand vor die
Augen, ging langsam die Stufen hinunter, über den Rasen,
schlurfte über den Kies am Springbrunnen, ließ die Hand
sinken, als er plötzlich im Schatten der Laube stand.

»Ach,« sagte er, »du bist es.«

»Kanntest du meine Stimme nicht mehr?«

»Nein – was willst du?«

»Ich gehe weg«, sagte sie.

»Ich geh auch weg,« sagte er, »was soll das? Alle gehen weg,
fast alle. Ich fahre morgen nach Zalligkofen.«

»Nein,« sagte sie, »ich geh für immer, zu meinem Vater, nach
Wien –« und es fiel ihr ein: Wien, auch das hatte irgendwas
mit Wein zu tun, jedenfalls in den Liedern.

»Wien,« sagte er, »dort unten – und da bleibst du?«

»Ja.«

Sein Blick, der zu ihr heraufkam, fast senkrecht, unbewegt und wie in Verzückung,[103] erschreckte sie: Ich bin nicht dein Jerusalem, dachte sie, nein, ich bin es nicht, und doch ist dein Blick wie der Blick der Pilger sein muß, wenn sie die Türme ihrer heiligen Stadt sehen.

»Ich habe –,« sagte sie leise, »alles hab ich gesehen.«

Er lächelte. »Komm herunter,« sagte er, »komm doch herunter.«

»Ich kann nicht,« sagte sie, »meine Mutter hat mich eingeschlossen, ich darf nicht raus, bis der Zug fährt, aber du . . .«

Sie schwieg plötzlich, atmete mühsam, flach, die Erregung drückte ihr die Luft ab, und sie sagte, was sie nicht hatte sagen wollen: »Aber du, komm du doch herauf.«

ceh bin nicht dein Jerusalem, dachte sie, nein, nein; er senkte Idn Blick nicht, als er fragte: »Wie soll ich hinaufkommen?«

»Wenn du aufs Dach der Laube kommst, geb ich dir die Hand und helf dir auf die Veranda.«

»Ich – es wartet jemand auf mich«, aber er prüfte schon die Latten der Pergola auf ihre Festigkeit; sie waren neu vernagelt und neu gestrichen worden, dichtes, dunkles Weinlaub wuchs an den Latten hoch, die sich wie eine Leiter anboten. Schwer schlug ihm die Pistole gegen den Oberschenkel; als er sich an der Wetterfahne hochzog, fiel ihm Griff ein, der jetzt in seiner Bude dort lag, von Fliegen umsummt, mit bleicher Brust und roten Wangen, und Paul dachte an die kleine flache Nickelpistole: ich muß Griff fragen, ob Nickel oxydiert, dann muß er verhindern, daß sie aus dem Glas essen.

Die Hände des Mädchens waren größer und fester als Griffs Hände, größer und fester auch als seine eigenen: er spürte es und schämte sich deswegen, als sie ihm half, vom First des Gartenhauses auf die Brüstung[104] der Veranda zu steigen.

Er klopfte sich den Schmutz von den Händen und sagte, ohne das Mädchen anzusehen: »Komisch, daß ich wirklich hier oben bin.«

»Ich bin froh, daß du da bist, schon seit drei bin ich einge-
sperrt.«

Er blickte vorsichtig zu ihr hin, auf ihre Hand, die den Mantel
über der Brust zusammenhielt.

»Warum hast du den Mantel an?«

»Du weißt doch.«

»Darum?«

»Ja.«

Er ging näher auf sie zu. »Du bist sicher froh, daß du wegkommst?«

»Ja.«

»Ein Junge«, sagte er leise, »hat heute morgen in der Schule
Zettel verkauft, mit Sachen über dich, und einem Bild von dir.«

»Ich weiß,« sagte sie, »und er hat gesagt, daß ich Geld ab-
bekomme von dem, was er für die Zettel kriegt, und daß er
mich gesehen hat, so wie er mich gemalt hat. Es ist alles nicht
wahr.«

»Ich weiß das,« sagte er, »er heißt Kuffang; er ist dumm und
lügt, alle wissen es.«

»Aber *das* glauben sie ihm.«

»Ja,« sagte er, »es ist merkwürdig, das glauben sie ihm.«

Sie zog den Mantel noch enger um ihre Brust. »Deshalb muß
ich so plötzlich weg, schnell, ehe alle vom Rennen zurück sind
– sie lassen mir ja schon lange keine Ruhe. Du stellst deinen
Körper zur Schau, sagen sie; sie sagen es, wenn ich ein offenes
Kleid anziehe, und sagen es auch, wenn ich ein geschlossenes
anziehe – und Pullover: dann werden sie wild – aber irgend
etwas muß ich ja anziehen.«

Er beobachtete sie kalt, während sie weitersprach; er dachte:
sie – daß ich nie an sie gedacht habe, nie. Ihr Haar war blond,
blond auch erschienen ihm ihre Augen, sie hatten eine Farbe wie
frisch gehobeltes[105] Buchenholz: blond und ein wenig feucht.

»Ich stelle meinen Körper gar nicht zur Schau,« sagte sie, »ich
hab ihn nur.«

Er schwieg, schob die Pistole, die ihm schwer auf dem Schenkel lag, mit der rechten Hand ein wenig höher. »Ja«, sagte er, und sie fürchtete sich; er hatte wieder dieses Traumgesicht: wie blind war er damals gewesen, diese leeren, dunklen Augen schienen in einer unberechenbaren Brechung auf sie und doch an ihr vorbei zu fallen,[106] und auch jetzt wieder sah er wie ein Blinder aus.

»Der Mann,« sagte sie hastig, »der manchmal zu meiner Mutter kommt, um mit ihr zu diskutieren, der alte, weiß-haarige, kennst du ihn?« – es war still, der Lärm vom Fluß her war zu fern, um diese Stille zu stören – »Kennst du ihn?« fragte sie schärfer.

»Natürlich kenn ich ihn,« sagte er, »der alte Dulges.«

»Ja, der – er hat mich manchmal so angesehen und gesagt: Vor dreihundert Jahren hätten sie dich als Hexe verbrannt. Knisterndes Frauenhaar, sagte er, und der tausendfache Schrei ihrer dumpfen Seelen, die Schönheit nicht dulden können.«

»Warum hast du mich raufgerufen?« fragte er. »Um mir das zu sagen?«

»Ja,« sagte sie, »und weil ich sah, was du da machtest.«

Er zog die Pistole aus der Tasche, hob sie hoch und wartete lächelnd drauf, daß sie schreien würde, aber sie schrie nicht.

»Was willst du damit tun?«

»Ich weiß nicht, auf was schießen.«

»Auf was?«

»Vielleicht auf mich.«

»Warum?«

»Warum?« sagte er. »Warum? Sünde, Tod. Todsünde. Verstehst du das?« Langsam, ohne sie zu berühren, schob er sich an ihr vorbei, in die offene Küchentür hinein und lehnte sich seufzend gegen den Schrank; das Bild hing noch da, das er schon so lange nicht mehr gesehen, an das er manchmal gedacht hatte: Fabrikschornsteine, aus denen roter Rauch stieg, viele Rauchfahnen, die sich am Himmel zu einer blutigen

Wolke vereinigten. Das Mädchen war in die Tür getreten, hatte sich ihm zugewandt. Schatten lagen über ihrem Gesicht, und sie sah wie eine Frau aus.

»Komm herein,« sagte er, »man könnte uns sehen, es wäre nicht gut für dich – du weißt.«

»In einer Stunde«, sagte sie, »werde ich im Zug sitzen, hier – hier ist die Fahrkarte: keine Rückfahrkarte.« Sie hielt die braune Karte hoch, er nickte, und sie steckte die Karte wieder in die Manteltasche zurück. »Ich werde meinen Mantel aus-ziehen und einen Pullover anhaben, einen Pullover, verstehst du?«

Er nickte wider. » Eine Stunde ist eine lange Zeit. Verstehst du, was Sünde ist? Tod. Todsünde?«

»Einmal«, sagte sie, »wollte der Apotheker – auch der Lehrer, der bei euch Geschichte gibt.«

»Drönsch?«

»Ja, der – ich weiß, was sie wollen; ich weiß aber nicht, was die Worte bedeuten, die sie sagen. Ich weiß auch, was Sünde ist, aber ich verstehe es so wenig wie das, was die Jungen mir manchmal nachriefen, wenn ich allein nach Hause kam, im Dunkeln; aus den Fluren riefen sie es mir nach, aus den Fenstern, aus Autos manchmal, sie riefen mir Sachen nach, von denen ich wußte, was sie bedeuten, aber ich verstand sie nicht. Weißt du's?«

»Ja.«

»Was ist es?« sagte sie. »Quält es dich?«

»Ja,« sagte er, »sehr.«

»Auch jetzt?«

»Ja,« sagte er, »quält es dich nicht?«

»Nein,« sagte sie, »es quält mich nicht – es macht mich nur unglücklich, daß es da ist und daß andere etwas wollen – und daß sie mir nachrufen. Sag mir doch, warum denkst du daran, dich zu erschießen? Darum?«

»Ja,« sagte er, »nur darum. Weißt du, was es heißt: Was du

auf Erden binden wirst, wird auch im Himmel gebunden sein?«

»Ich weiß es,« sagte sie, »manchmal bin ich in der Klasse geblieben, wenn sie Religion hatten.«

»So,« sagte er, »dann weißt du vielleicht auch, was Sünde ist. Tod.«

»Ich weiß,« sagte sie, »glaubst du es wirklich?«

»Ja.«

»Alles?«

»Alles.«

»Du weißt, daß ich es nicht glaube – aber ich weiß, daß es die schlimmste Sünde ist, sich zu erschießen oder – ich habe es gehört,« sagte sie lauter, »mit diesen meinen Ohren,« sie zupfte sich mit der linken Hand am Ohr, hielt mit der rechten weiter den Mantel fest, »mit diesen meinen Ohren habe ich gehört, wie der Priester sagte: Man darf Gott das Geschenk des Lebens nicht vor die Füße werfen.«

»Geschenk des Lebens,« sagte er scharf, »und Gott hat keine Füße.«

»Nein?« sagte sie leise, »hat er keine Füße, sind sie nicht durchbohrt worden?«

Er schwieg, errötete dann und sagte leise: »Ich weiß.«

»Ja,« sagte sie, »wenn du wirklich alles glaubst, wie du sagst, dann mußt du auch das glauben. Glaubst du es?«

»Was?«

»Daß man das Leben nicht wegwerfen darf?«

»Ach«, sagte er und hob die Pistole senkrecht in die Luft.

»Komm,« sagte sie leise, »tu sie weg. Es sieht so dumm aus. Bitte, tu sie weg.«

Er steckte die Pistole in die rechte Tasche, fuhr in die linke[107] und nahm die drei Magazine heraus. Glanzlos lagen die Blechhülsen auf seinem Handteller.[108] »Das wird wohl langen«,[109] sagte er.

»Schieß auf etwas anderes,« sagte sie, »zum Beispiel auf – « sie drehte sich und blickte auf sein Elternhaus zurück, durch das offene Fenster. »Auf die Tennisbälle«, sagte sie.

Röte fiel wie Dunkelheit über ihn, seine Hände wurden schlaff, die Magazine fielen aus seiner Hand. »Wie kannst du wissen – ?« murmelte er.

»Was wissen?«

Er bückte sich, hob die Magazine vom Boden auf, schob eine Patrone, die herausgefallen war, vorsichtig in die Federung zurück; er blickte durchs Fenster auf das Haus, das offen in der Sonne dalag: weiß und hart lagen dort hinten die Tennisbälle im Karton.

Hier, in dieser Küche, roch es nach Badewasser, Seife, nach Frieden und frischem Brot, nach Kuchen; rote Äpfel lagen auf dem Tisch, eine Zeitung, und eine halbe Gurke, deren Schnittfläche hell war, grün und wässerig, zur Schale hin wurde das Gurkenfleisch dunkel und fest.

»Ich weiß auch,« sagte das Mädchen, »was sie gegen die Sünde taten. Ich habe es gehört.«

»Wer?«

»Eure Heiligen. Der Priester erzählte davon: sie schlugen sich,[110] sie fasteten und beteten, keiner von ihnen tötete sich.« Sie wandte sich dem Jungen zu, erschrak: nein, nein, ich bin nicht dein Jerusalem.

»Sie waren nicht vierzehn,« sagte der Junge, »nicht fünfzehn.«

»Manche wohl«, sagte sie.

»Nein,« sagte er, »nein, es ist nicht wahr, die meisten bekehrten sich erst, nachdem sie gesündigt hatten.« Er kam näher, schob sich an der Fensterbank vorbei auf sie zu.

»Du lügst,« sagte sie, »manche haben gar nicht erst gesündigt – ich glaube das ja alles gar nicht – am ehesten glaube ich noch an die Mutter Gottes.«

»Am *ehesten*,« sagte er verächtlich, »aber sie war doch die Mutter *Gottes*.«

Er sah dem Mädchen ins Gesicht, wandte sich dann ab und sagte

leise: »Entschuldige . . . ja, ja, ich habe es versucht. Gebetet.«
»Und gefastet?«

»Ach,« sagte er, »fasten – ich mach mir nichts aus Essen.«
»Das ist nicht gefastet. Und geschlagen. Ich würde es tun, ich würde mich schlagen, wenn ich glaubte.«

»Du,« sagte er leise, »quält es dich wirklich nicht?«

»Nein,« sagte sie, »es quält mich nicht, etwas zu *tun*, etwas zu sehen, etwas zu sagen – aber dich, ja?«

»Ja.«

»Schade,« sagte sie, »daß du so katholisch bist.«

»Warum schade?«

»Sonst würde ich dir meine Brust zeigen. Ich würde sie dir so gern zeigen – dir – alle sprechen darüber, die Jungens rufen mir Sachen nach, aber noch nie hat jemand sie gesehen.«
»Noch nie?«

»Nein,« sagte sie, »noch nie.«

»Zeig es mir«, sagte er.

»Es wird nicht dasselbe sein wie damals, du weißt.«

»Ich weiß«, sagte er.

»War es schlimm für dich?«

»Nur, weil Mutter so schlimm war. Sie war ganz außer sich und erzählte es überall. Für mich war es nicht schlimm.
Ich hätte es vergessen. Komm«, sagte er.

Ihr Haar war glatt und hart; das überraschte ihn, er hatte geglaubt, es müsse weich sein, aber es war so, wie er sich Glasfäden vorstellte.

»Nicht hier«, sagte sie; sie schob ihn vor sich her, langsam, denn er ließ ihren Kopf nicht los, beobachtete scharf ihr Gesicht, während sie beide sich wie in einem fremden, von ihnen erfundenen Tanzschritt von der offenen Verandatür weg durch die Küche schoben; er schien auf ihren Füßen zu stehen, sie ihn mit jedem Schritt hochzuheben.

Sie öffnete die Küchentür, schob ihn langsam durch die Diele, öffnete die Tür zu ihrem Zimmer.

»Hier,« sagte sie, »in meinem Zimmer, nicht dort.«

»Mirzowa«, flüsterte er.

»Wie kommst du auf diesen Namen? Mirzow heiße ich, und Katharina.«

»Alle nennen dich so, und ich kann nicht anders an dich denken. Zeig es mir jetzt.« Er wurde rot, weil er wieder ›es‹ gesagt hatte und nicht ›sie‹.

»Es macht mich traurig,« sagte sie, »daß es für dich eine Sünde ist.«

»Ich will es sehen«, sagte er.

»Niemand – « sagte sie, »mit niemand darfst du darüber sprechen.«

»Nein.«

»Versprichst du es?«

»Ja – aber einem muß ich es sagen.«

»Wem?«

»Denk nach,« sagte er leise, »denk nach, du weißt das doch alles.« Sie biß sich auf die Lippen, hielt immer noch den Mantel fest um die Brust gerafft, sah ihn nachdenklich an und sagte: »Natürlich, dem darfst du es sagen, aber niemand sonst.«

»Nein,« sagte er, »zeig es mir jetzt.«

Wenn sie lacht oder kichert, dachte er, schieß ich; aber sie lachte nicht: sie zitterte vor Ernst, ihre Hände flatterten, als sie die Knöpfe öffnen wollte, ihre Finger waren eiskalt und starr.

»Komm her,« sagte er leise und sanft, »ich mache es.« Seine Hände waren ruhig, sein Schrecken saß tiefer als der ihre; unten in den Fußgelenken spürte er ihn, es schien ihm, als seien sie biegsam wie Gummi und er würde umkippen. Er öffnete die Knöpfe mit der rechten Hand, fuhr mit der linken dem Mädchen übers Haar, wie um sie zu trösten.

Ihre Tränen kamen ganz plötzlich, lautlos, ohne Ankündigung, ohne Getue.[111] Sie liefen einfach die Wangen herunter. »Warum weinst du?«

E

»Ich habe Angst,« sagte sie, »du nicht?«

»Ich auch,« sagte er, »ich habe auch Angst.« Er war so unruhig, daß er den letzten Knopf fast abgerissen hätte, und er
atmete tief, als er die Brust der Mirzowa sah; er hatte Angst
gehabt, weil er sich vor dem Ekel fürchtete, vor dem Augenblick, wo er aus Höflichkeit würde heucheln müssen, um
diesen Ekel zu verbergen, aber er ekelte sich nicht und brauchte
nichts zu verbergen. Er seufzte noch einmal. So plötzlich, wie
sie gekommen waren, hörten die Tränen des Mädchens auf
zu fließen. Sie blickte ihn gespannt an: jede Regung seines
Gesichts, den Ausdruck seiner Augen, alles nahm sie genau
in sich auf, und jetzt schon wußte sie, daß sie ihm Jahre
später einmal dankbar sein würde, weil er es gewesen war, der
die Knöpfe geöffnet hatte.

Er blickte genau hin, berührte sie nicht, schüttelte nur den
Kopf, und ein Lachen stieg in ihm auf.

»Was ist,« fragte sie, »darf ich auch lachen?«

»Lach nur«, sagte er, und sie lachte.

»Es ist sehr schön«, sagte er, und er schämte sich wieder, weil
er ›es‹ gesagt, hatte nicht ›sie‹, aber er konnte dieses ›sie‹ nicht
aussprechen.

»Mach es wieder zu«, sagte sie.

»Nein,« sagte er, »mach du es zu, aber warte noch einen Augenblick.« Still war es, scharf drang das Sonnenlicht durch den
gelben Vorhang, der dunkelgrün gestreift war. Dunkle Strei-
fen lagen auch über den Gesichtern der Kinder. Mit vierzehn,
dachte der Junge, kann man noch keine Frau haben.

»Laß michs zumachen«, sagte das Mädchen.

»Ja,« sagte er, »mach es zu«, aber er hielt ihre Hände noch
einen Augenblick zurück, und das Mädchen sah ihn an und
lachte laut heraus.

»Warum lachst du jetzt?«

»Ich bin so froh, und du?«

»Ich auch,« sagte er, »ich bin froh, daß es so schön ist.«

Er ließ ihre Hände los, ging ein paar Schritte zurück und wandte sich ab, als sie die Bluse zuknöpfte.

Er ging um den Tisch herum, betrachtete den offenen Koffer, der auf dem Bett lag, Pullover waren übereinander gestapelt, Wäsche zu Päckchen sortiert, das Bett war schon abgezogen,[112] der Koffer lag auf dem blauen Bezug der Matratzen.

»Du wirst also wirklich fahren?« fragte er.

»Ja.«

Er ging weiter, blickte in den offenen Kleiderschrank: nur leere Bügel hingen dort, an einem baumelte noch eine rote Haarschleife. Er klappte die Schranktüren zu, blickte auf das Bücherbord, das über ihrem Bett hing: nur noch ein gebrauchtes Löschblatt lag da, eine Broschüre, schräg gegen die Wand gestellt, war liegen geblieben: ›Was jeder vom Weinbau wissen muß‹.

Als er sich umblickte, lag der Mantel auf dem Boden. Er hob ihn auf, warf ihn über den Tisch und lief hinaus.

Sie stand mit dem Fernglas in der Hand in der Küchentür, zuckte zusammen, als er ihr die Hand auf die Schulter legte, ließ das Glas sinken und sah ihn erschrocken an.

»Geh jetzt,« sagte sie, »du mußt jetzt gehen.«

»Laß michs noch einmal sehen.«

»Nein, die Regatta ist bald zu Ende, jetzt kommt meine Mutter, um mich zum Zug zu bringen. Du weißt, was passiert, wenn dich jemand hier sieht.«

Er schwieg, ließ seine Hand auf ihrer Schulter. Sie lief schnell weg, an die andere Seite des Tisches, nahm ein Messer aus der Schublade, schnitt sich ein Stück von der Gurke ab, biß hinein, legte das Messer wieder hin. »Geh,« sagte sie, »wenn du mich noch lange so anstarrst, siehst du aus wie der Apotheker oder wie dieser Drönsch.«

»Sei still«, sagte er. Sie sah ihn erstaunt an, als er plötzlich auf sie zukam, sie an der Schulter packte; sie führte über

seinen Arm hinweg das Stück Gurke zum Mund und lächelte.
»Verstehst du denn nicht,« sagte sie, »ich war so froh.«
Er blickte zu Boden, ließ sie los, ging zur Veranda, sprang
auf die Brüstung und rief: »Gib mir deine Hand.« Sie lachte,
lief zu ihm hin, legte das Stück Gurke aus der Hand und
hielt ihn mit beiden Händen fest, stemmte sich gegen die
Mauer, während sie ihn langsam aufs Dach der Laube her-
unterließ.
»Irgend jemand wird uns schon gesehen haben«, sagte er.
»Sicher,« sagte sie, »kann ich loslassen?«
»Noch nicht. Wann kommst du aus Wien zurück?«
»Bald,« sagte sie, »soll ich bald kommen?« Er stand schon
mit beiden Füßen auf dem Dach und sagte: »Jetzt kannst du
loslassen.« Aber sie ließ nicht los, sie lachte: »Ich komme
zurück. Wann soll ich kommen?«
»Wenn ich es wieder sehen darf.«
»Das kann lange dauern.«
»Wie lange?«
»Ich weiß nicht«, sagte sie, sah ihn nachdenklich an. »Zu-
erst sahst du aus wie im Traum, dann plötzlich fast wie der
Apotheker; ich will nicht, daß du so aussiehst und Todsün-
den tust und gebunden wirst.«
»Laß jetzt los«, sagte er, »oder zieh mich wieder rauf.«
Sie lachte, ließ ihn los, nahm das Stück Gurke wieder von der
Brüstung und biß hinein.
»Auf etwas schießen muß ich«, sagte er.
»Schieß nicht auf Lebendes,« sagte sie, »schieß auf Tennis-
bälle oder auf – auf Einmachgläser.«
»Wie kommst du auf Einmachgläser?«
»Ich weiß nicht,« sagte sie, »ich könnte mir denken, daß es
herrlich ist, auf Einmachgläser zu schießen. Es klirrt sicher
und spritzt – warte«, sagte sie hastig, als er sich abwenden
und hinunterklettern wollte; er wandte sich zurück und
blickte sie ernst an. »Und du könntest«, sagte sie leise, »an

der Schranke stehen, am Wasserturm, weißt du, und könntest in die Luft schießen, wenn mein Zug vorbeifährt. Ich werde im Fenster liegen und winken.«

»Oja,« sagte er, »das werde ich tun, wann fährt dein Zug?«

»Zehn nach sieben,« sagte sie, »dreizehn nach passiert er die Schranke.«

»Dann wird es Zeit,« sagte er, »auf Wiedersehen, du kommst zurück?«

»Ich werde kommen,« sagte sie, »sicher.« Und sie biß sich auf die Lippen und sagte leise noch einmal: »Ich werde kommen.«

Sie sah ihm zu, wie er sich an der Wetterfahne festhielt, bis seine Füße die Latten der Pergola erreicht hatten. Er lief über den Rasen, auf die Terrasse, kletterte ins Haus, sie sah ihn wieder über die Messingleiste gehen, den Karton mit den Tennisbällen aufnehmen, zurückkehren, sie hörte den Kies unter seinen Füßen knirschen, als er mit dem Karton unter dem Arm an der Garage vorbei wieder auf die Straße lief.

Hoffentlich vergißt er nicht, sich noch einmal umzuwenden und zu winken, dachte sie. Dort stand er schon, winkte, an der Ecke der Garage, zog die Pistole aus der Tasche, drückte sie mit dem Lauf gegen den Karton und winkte noch einmal, bevor er um die Ecke lief und verschwand.

Sie flog mit dem Fernglas wieder hoch, stach sich runde Stücke Blau heraus, Medaillen aus Himmel; Rhenania und Germania, Flußufer mit Regattawimpel, runder Horizont aus Flußgrün mit Fetzen von Fahnenrot.[113]

Mein Haar würde schön knistern, dachte sie, es knisterte schon, als er es berührte. Und auch in Wien gibt es Wein.

Weinberg: hellgrün, saure Trauben, Laub, das sich die Fettsäcke um ihre Glatzen banden,[114] um – ach – diesem Bacchus ähnlich zu sein.

Sie suchte die Straßen ab, dort, wo sie mit dem Glas in sie einfallen konnte:[115] die Straßen waren leer, sie sah nur

parkende Autos; der Eiskarren stand noch da, den Jungen fand
sie nicht, ich werde, dachte sie lächelnd, während sie das Glas
wieder zum Fluß schwenkte, ich werde doch dein Jerusalem sein.

Sie wandte sich nicht um, als die Mutter die Haustür auf-
schloß und in die Diele trat. Schon Viertel vor sieben, dachte
sie, hoffentlich schafft er es, bis dreizehn nach an der Schranke
zu sein. Sie hörte, wie das Kofferschloß zuschnappte und der
winzige Schlüssel darin umgedreht wurde, hörte die harten
Schritte, und sie zuckte zusammen, als der Mantel über ihre
Schultern fiel; die Hände der Mutter blieben auf ihren Schultern liegen.

»Hast du das Geld?«

»Ja.«

»Die Fahrkarte?«

»Ja.«

»Die Brote?«

»Ja.«

»Den Koffer ordentlich gepackt?«

»Ja.«

»Nichts vergessen?«

»Nein.«

»Niemand etwas erzählt?«

»Nein.«

»Die Adresse in Wien?«

»Ja.«

»Die Telefonnummer?«

»Ja.«

Dunkel war die kleine Pause, erschreckend, die Hände der
Mutter glitten an ihren Schultern herunter, über ihre Un-
terarme. »Ich fand es besser, nicht hier zu sein in den letzten
Stunden. Es ist leichter, ich weiß es. Ich habe so oft Abschied
genommen – und es war gut, daß ich dich einschloß, du weißt
es.«

»Es war gut, ich weiß es.«

»Dann komm jetzt . . .« Sie wandte sich um; es war schlimm, die Mutter weinen zu sehen, es war fast, als wenn ein Denkmal weinte: die Mutter war immer noch schön, aber dunkel war diese Schönheit, hager. Ihre Vergangenheit hing über ihr wie ein schwarzer Heiligenschein. Fremde Vokabeln schwangen in der Legende von Mutters Leben mit: Moskau – Kommunismus – rote Nonne, ein Russe, der Mirzow hieß; den Glauben verloren, Flucht, und im Hirn turnten[116] die Dogmen des verlorenen Glaubens weiter; es war wie in einem Webstuhl, dessen Spulen sich weiterdrehten, obwohl die Wolle ausgegangen war: herrliche Muster ins Nichts gewebt, nur das Geräusch blieb, der Mechanismus blieb; wenn nur ein Gegenpol da war: Dulges, die Stadtväter, der Pfarrer, die Lehrerinnen, die Nonnen; wenn man die Augen schloß, konnte man auch an Gebetsmühlen[117] denken, Gebetsmühlen der Ungläubigen, die rastlose, vom Winde gedrehte Klapper, die Diskussion hieß; nur manchmal, sehr selten, hatte die Mutter ausgesehen, wie sie jetzt aussah: wenn sie Wein getrunken hatte, und die Leute sagten dann: Ach, sie ist doch ein echtes Zischbrunner Mädchen geblieben.

Es war gut, daß die Mutter rauchte; auf die Zigarette zufließend, von Rauch umhüllt, sahen die Tränen nicht so ernst aus, eher wie gespielte Tränen, aber Tränen würde die Mutter am wenigsten spielen.

»Ich werde es ihnen heimzahlen,«[118] sagte sie, »es quält mich zu sehr, daß du weg mußt. Daß ich nachgeben muß.«

»Komm doch mit mir.«

»Nein, nein – du wirst zurückkommen, ein, zwei Jahre vielleicht, und du wirst zurückkommen. Tu niemals das, was sie von dir denken. Tu's nicht, und komm jetzt.«

Sie schlüpfte in die Ärmel des Mantels, knöpfte ihn zu, tastete nach der Fahrkarte, nach dem Portemonnaie, lief in ihr Schlafzimmer, aber die Mutter schüttelte den Kopf, als sie den Koffer nehmen wollte. »Nein, laß,« sagte sie, »und schnell jetzt – es wird Zeit.«

Hitze hing im Treppenhaus, Weindunst stieg aus dem Keller hoch, wo der Apotheker Wein auf[119] Flaschen gefüllt hatte: säuerlicher Geruch, der zum verschwommenen Violett der Tapete zu passen schien. Die engen Gassen: die dunklen Fensterhöhlen, Hauseingänge, aus denen ihr die Sachen nachgerufen worden waren, Sachen, die sie nicht verstand. Schnell. Stärker war jetzt der Lärm, der vom Flußufer kam, Autos wurden angelassen:[120] die Regatta war zu Ende. Schnell. Der Mann an der Sperre duzte die Mutter: »Ach, Käte, geh schon ohne Bahnsteigkarte durch.« Ein Betrunkener taumelte durch die dunkle Unterführung, grölte[121] und schlug eine volle Weinflasche gegen die feuchte schwarze Wand; Splitter klirrten, und wieder stieg ihr Weingeruch in die Nase. Der Zug war schon eingelaufen, die Mutter schob den Koffer in den Gang. »Tu nie, was sie von dir denken, tu's nie.«

Wie gut es war, den Abschied so knapp zu halten: nur eine einzige Minute blieb, lang war sie, länger als der ganze Nachmittag. »Du hättest sicher gern das Fernglas mitgenommen. Soll ichs dir schicken?«

»Ja, schick es mir. Ach, Mutter.«

»Was ist denn?«

»Ich kenn ihn ja kaum.«

»Oh, er ist nett, und er freut sich, dich dort zu haben – und er hat nie an die Götter geglaubt, an die ich glaubte.«

»Und er trinkt keinen Wein?«

»Er mag ihn nicht – und er hat Geld, handelt mit so Sachen.«[122]

»Mit welchen Sachen?«

»Ich weiß nicht genau: Kleider wahrscheinlich oder so was. Er wird dir gefallen.«

Kein Kuß. Denkmäler darf man nicht küssen, auch wenn sie weinen. Ohne sich umzuwenden, verschwand die Mutter in der Unterführung: eine Salzsäule des Unglücks, konserviert

in der Bitterkeit ihrer Irrtümer; am Abend würde sie die
Gebetsmühle in Gang setzen, einen Monolog halten, wenn
Dulges in der Küche saß: ›Sind Tränen nicht eigentlich ein
Überrest bürgerlicher Empfindungen? Kann es in der klassen-
losen Gesellschaft Tränen geben?‹

An der Schule vorbei, am Schwimmbad, unter der kleinen
Brücke durch, die lange, lange Mauer der Weinberge, Wald
– und an der Schranke, die am Wasserturm den Weg ab-
sperrte, sah sie die beiden Jungen, hörte den Knall, sah die
schwarze Pistole in Pauls Hand und schrie: »Jerusalem, Jerusalem!« und sie schrie es noch einmal, obwohl sie die Jungen
nicht mehr sehen konnte. Sie wischte die Tränen mit dem
Ärmel ab, nahm den Koffer und taumelte in den Gang hinein.
Ich werde den Mantel nicht ausziehen, dachte sie, noch nicht.

3

»Was hat sie denn gerufen?« fragte Griff.

»Hast du es nicht verstanden?«

»Nein, du? Was war es?«

»Jerusalem«, sagte Paul leise. »Jerusalem, sie hat es noch gerufen, als der Zug schon vorbei war. Komm.« Er blickte enttäuscht auf die Pistole, die er gesenkt hielt, den Daumen am Sicherungsflügel. Er hatte geglaubt, sie würde lauter knallen und würde rauchen: er hatte damit gerechnet, daß sie rauchen würde: mit rauchender Pistole in der Hand hatte er am Zug stehen wollen, aber die Pistole rauchte nicht, sie war nicht einmal heiß, er schob vorsichtig den Zeigefinger über den Lauf, zog ihn zurück. »Komm«, sagte er, Jerusalem, dachte er, ich habe es verstanden, aber ich weiß nicht, was es bedeutet. Sie gingen vom Weg ab, parallel zur Bahnlinie, Griff mit dem Marmeladenglas unter dem Arm, das er von zu Hause mitgenommen hatte, Paul mit der gesenkten Pistole in der Hand; im grünen Licht wandten sie ihre Gesichter einander zu.

»Willst du es wirklich tun?«

»Nein,« sagte Paul, »nein, man soll . . . «Er wurde rot, wandte sich ab. »Hast du die Bälle auf den Baumstamm gelegt?«

»Ja,« sagte Griff, »sie rollten immer herunter, aber dann habe ich eine Rille in der Rinde gefunden.«

»Wieviel Abstand?«

»Eine Handbreit, wie du gesagt hast, – du,« sagte er leiser, blieb stehen, »ich kann nicht nach Hause zurück, ich kann nicht. In dieses Zimmer. Du begreifst doch, daß ich in dieses Zimmer nicht zurückgehen kann.« Er nahm das Marmeladenglas in die andere Hand, hielt Paul, der weitergehen wollte, am Rockärmel fest. »Das kann ich doch nicht.« »Nein,« sagte Paul, »in dieses Zimmer würde ich auch nicht zurückgehen.«

»Meine Mutter würde mich zwingen, es sauber zu machen. Du, ich kann doch nicht – auf dem Boden herumrutschen, die Wände, die Bücher, alles sauber machen. Sie würde danebenstehen.«

»Nein, das kannst du nicht. Komm!«

»Was soll ich tun?«

»Warte, erst schießen wir, komm . . .« Sie gingen weiter, wandten manchmal ihre grünen Gesichter einander zu, Griff ängstlich, Paul lächelnd.

»Du mußt mich erschießen,« sagte Griff, »du, mußt es tun.«

»Du bist verrückt«, sagte Paul, er biß sich auf die Lippen, hob die Pistole, legte auf Griff an, der duckte sich, wimmerte leise, und Paul sagte: »Siehst du, du würdest schreien, dabei ist sie gesichert.«

Er nahm die linke Hand vor die Augen, als sie in die Lichtung kamen, blinzelte zu den Tennisbällen hin, die auf einem gefällten Baum aufgereiht lagen: drei waren noch makellos, weiß und haarig, wie das Fell des Lammes, die anderen schmutzig von der feuchten Walderde.

»Geh hin,« sagte Paul, »stell das Glas zwischen den dritten und den vierten Ball.« Griff taumelte durch die Lichtung, stellte das Glas hinter die Bälle, so daß es schräg stand und nach hinten wegzukippen drohte.

»Der Abstand ist zu klein, es geht nicht dazwischen.«

»Weg,« sagte Paul, »ich schieße, komm an meine Seite.«

Er wartete, bis Griff neben ihm im Schatten stand, hob die Pistole, zielte, drückte ab, und erschreckt vom Echo des ersten Schusses knallte er wild drauflos, das ganze Magazin leer – hell kam das Echo der beiden letzten Schüsse aus dem Wald zurück, als er längst schon nicht mehr schoß. Die Bälle lagen noch da,

nicht einmal das Marmeladenglas war getroffen. Es war ganz
still, roch nur ein wenig nach Pulver – der Junge stand noch da,
mit der erhobenen Pistole in der Hand, er stand da, als würde
er ewig dort stehen bleiben. Er war blaß, die Enttäuschung
füllte seine Adern mit Kälte, und in seinen Ohren knallte das
helle Echo, das gar nicht mehr da war: helles, trockenes Gebell
tönte aus der Erinnerung in ihn zurück. Er schloß die Augen,
öffnete sie wieder: die Bälle lagen noch da, und nicht einmal das
Marmeladenglas war getroffen.

Er zog seinen Arm wie aus sehr weiter Ferne zu sich heran,
tastete über den Lauf: der war wenigstens ein bißchen heiß.
Paul riß mit dem Daumennagel das Magazin heraus, schob ein
neues ein und legte den Sicherungsflügel herum.

»Komm her,« sagte er leise, »du bist an der Reihe.«

Er gab Griff die Pistole in die Hand, zeigte ihm, wie er sie
entsichern mußte, trat zurück und dachte, während er im
Schatten an seiner Enttäuschung schluckte: Hoffentlich triffst
du wenigstens, hoffentlich triffst du. Griff warf den Arm mit
der Pistole hoch, senkte ihn dann langsam ins Ziel – das hat
er gelesen, dachte Paul, irgendwo gelesen, es sieht aus, als wenn
er es gelesen hätte – und Griff schoß stotternd: einmal – dann
wurde es still; da lagen die Bälle, und das Glas stand noch da;
dann dreimal – dreimal auch kläffte das Echo auf die beiden
Jungen zurück. Friedlich wie ein seltsames Stilleben lag der
dunkle Baumstamm da, mit seinen sechs Tennisbällen und
dem Glas voll Pflaumenmus.

Nur Echo kam, es roch ein wenig nach Pulver, und Griff
reichte Paul kopfschüttelnd die Pistole zurück.

»Einen Schuß hab ich noch gut,« sagte Paul, »den ich eben
in die Luft schoß – dann bleiben für jeden noch zwei, und einer
bleibt übrig.«

Diesmal zielte er lange, aber er wußte, daß er nicht treffen würde,
und er traf auch nicht: dünn und einsam kam das Echo seines
Schusses auf ihn zurück, das Echo drang wie ein roter Punkt

in ihn ein, kreiste in ihm, flog wieder aus ihm heraus, und er war ruhig, als er Griff die Pistole gab.

Griff schüttelte den Kopf. »Die Ziele sind zu klein, wir müssen größere wählen, vielleicht die Bahnhofsuhr oder die Reklame für Waffenbier?«[123]

»Wo ist eine?«

»An der Ecke, dem Bahnhof gegenüber, wo Drönsch wohnt.«

»Oder eine Fensterscheibe, oder den Samowar bei uns zu Hause. Wir *müssen* etwas treffen. Hast du denn wirklich mit deiner Pistole bei acht Schuß siebenmal getroffen? Eine Konservendose auf dreißig Meter?«

»Nein,« sagte Griff, »ich habe gar nicht geschossen, noch nie vorher.« Er ging auf den Baumstamm zu, trat mit dem rechten Fuß nach den Bällen, dem Marmeladenglas, die Bälle rollten ins Gras, das Glas rutschte ab und kippte auf den weichen Waldboden, der im Schatten des Baumstamms ohne Gras geblieben war. Griff packte das Glas, wollte es gegen den Baum werfen, aber Paul hielt seinen Arm zurück, nahm ihm das Glas aus der Hand und stellte es auf den Boden. »Bitte, laß es,« sagte er, »laß es – ich kann es nicht sehen. Laß es stehen, soll Gras drüber wachsen, viel Gras . . .« Und er dachte sich aus, wie das Gras wuchs, bis das Einmachglas überdeckt war; Tiere schnupperten daran, Pilze wuchsen in dichter Kolonie, und er ging nach Jahren im Wald spazieren und fand es: die Pistole verrostet, das Mus zu einem modrigen, schwammartigen Schaum verwest.[124] Er nahm das Glas, legte es in eine Höhlung am Rande der Lichtung und warf mit den Füßen lockere Erde darüber. »Laß es,« sagte er leise, »laß auch die Bälle – nichts haben wir getroffen.«

»Gelogen,« sagte Griff, »alles gelogen.«

»Ja, alles«, sagte Paul, aber während er die Pistole sicherte und in die Tasche steckte, flüsterte er: »Jerusalem, Jerusalem.«

»Woher wußtest du, daß sie wegfährt?«

»Ich habe ihre Mutter getroffen, als ich auf dem Wege zu dir war.«

»Aber sie kommt zurück?«

»Nein, sie kommt nicht zurück.«

Griff ging noch einmal in die Lichtung, trat nach den Bällen, zwei rollten weiß und lautlos in den schattigen Wald. »Komm her,« sagte er, »sieh dir das an, wir haben viel zu hoch gehalten.«

Paul ging langsam hinüber, sah den zerfetzten Brombeerstrauch, Einschüsse an einer Tanne, frisches Harz,[125] einen geknickten Ast.

»Komm,« sagte er, »wir schießen auf die Waffenbierreklame, die ist so groß wie ein Wagenrad.«

»Ich geh nicht in die Stadt zurück,« sagte Griff, »nie mehr, ich werde nach Lübeck fahren, ich habe die Fahrkarte schon in der Tasche. Ich komme nicht wieder.«

Sie gingen langsam den Weg, den sie gekommen waren, zurück, an der Schranke vorbei, an der langen Weinbergmauer, vorbei an der Schule. Längst waren die parkenden Autos weg, aus der Stadt herauf klang Musik. Sie kletterten auf die beiden Pfeiler des Friedhofseingangs, saßen drei Meter voneinander entfernt auf gleicher Höhe und rauchten.

»Siegerehrung,« sagte Griff, »Ball. Weinlaub um die Stirn. Dort unten kannst du die Waffenbierreklame an Drönschs Haus sehen.«

»Ich werde sie treffen,« sagte Paul, »du kommst nicht mit?«

»Nein, ich bleibe hier, ich werde hier sitzen und warten, bis du sie heruntergeschossen hast. Dann geh ich langsam nach Dreschenbrunn, steig dort in den Zug und fahr nach Lübeck. Ich werde baden, lange im salzigen Wasser baden, und ich hoffe, es wird Sturm sein, hohe Wellen und viel salziges Wasser.«

Sie rauchten schweigend, blickten sich manchmal an, lächelten, lauschten in die Stadt hinunter, aus der der Lärm immer heftiger aufstieg.

»Haben die Hufe wirklich gedonnert?« fragte Griff.

»Nein,« sagte Paul, »nein, es war nur ein Pferd, und seine Hufe klapperten nur – und die Lachse?«

»Ich habe nie einen gesehen.« Sie lächelten sich zu und schwiegen eine Zeit lang.

»Jetzt steht mein Vater vor dem Schrank«, sagte Paul dann, »mit hochgekrempelten Ärmeln, meine Mutter breitet das Wachstuch aus; jetzt schließt er die Schublade auf; vielleicht sieht er den Kratzer, den ich gemacht habe, als mir der Schraubenzieher ausrutschte; aber er sieht es nicht, es ist jetzt dunkel in der Ecke dort; er öffnet die Schublade, stutzt, denn die Scheckbücher und Kontoauszüge liegen nicht so, wie er sie eingeordnet hat – er wird unruhig, schreit meine Mutter an, wirft den ganzen Krempel auf die Erde, wühlt in der Schublade herum[126] – jetzt, gerade jetzt – genau jetzt.« Er blickte auf die Kirchturmuhr, deren großer Zeiger gerade auf die Zehn rutschte, während der kleine ruhig vor der Acht stand. »Früher«, sagte Paul, »ist er Divisionsmeister im Pistolenreinigen gewesen: in drei Minuten eine Pistole auseinandergenommen, gereinigt, wieder zusammengesetzt – und zu Hause mußte ich immer neben ihm stehen und die Zeit stoppen:[127] nie brauchte er mehr als drei Minuten.«

Er warf den Zigarettenstummel auf den Weg, starrte auf die Kirchturmuhr. »Punkt zehn vor acht war er immer mit allem fertig, dann wusch er sich die Hände und war immer noch Punkt acht am Stammtisch.« Paul sprang von dem Pfeiler herunter, reichte Griff die Hand hinauf und sagte: »Wann werde ich dich wiedersehen?«

»Lange nicht,« sagte Griff, »aber zurück komm ich mal. Ich werde bei meinem Onkel arbeiten, Fische einmachen, aufschlitzen – die Mädchen lachen immer, und abends gehen sie ins Kino, vielleicht – sie kichern nicht, bestimmt nicht. Sie haben so weiße Arme und sind so hübsch. Sie steckten mir Schokolade in den Mund, als ich noch klein war, aber so klein bin ich ja nicht mehr. Ich kann nicht – « sagte er leiser,

»du verstehst, daß ich in dieses Zimmer nicht zurückgehen kann. Sie würde neben mir stehen, bis es ganz sauber ist. Hast du Geld?«

»Ja, ich habe mein ganzes Feriengeld schon. Willst du was?«

»Ja, gib mir was, ich schicks dir zurück, später.«

Paul öffnete sein Portemonnaie, zählte die Münzen, öffnete die Tasche für die Scheine. »Mein ganzes Geld für Zalligkofen, ich kann dir achtzehn Mark geben. Willst du sie?«

»Ja«, sagte Griff; er nahm den Schein, die Münzen, schob alles zusammen in die Hosentasche. »Ich warte hier,« sagte er, »bis ich höre und sehe, daß du die Waffenbierreklame herunterknallst; schieß schnell und das ganze Magazin leer. Wenn ich es höre, wenn ich es sehe, gehe ich langsam nach Dreschenbrunn und steige in den nächsten Zug. Aber sag niemand, daß du weißt, wo ich bin.«

»Nein«, sagte Paul; er lief, stieß im Laufen Steine beiseite, schrie laut, um das wilde Echo seiner Stimme zu hören, als er durch die Unterführung rannte; er ging erst langsamer, als er an der Bahnhofsmauer entlang auf die Kneipe[128] in Drönschs Haus zukam; er ging immer langsamer, wandte sich um, aber er konnte den Friedhofseingang noch nicht sehen, nur das große schwarze Kreuz in der Mitte des Friedhofs und die weißen Grabsteine oberhalb des Kreuzes; je näher er auf den Bahnhof zukam, um so mehr Gräberreihen sah er unterhalb des Kreuzes: zwei Reihen, drei, fünf, dann den Eingang, und Griff saß noch da. Paul ging quer über den Bahnhofsvorplatz, langsam; sein Herz schlug heftig, aber er wußte, daß es keine Angst war, eher Freude, und am liebsten hätte er das ganze Magazin in die Luft hineingeschossen und ›Jerusalem‹ geschrieen; es tat ihm fast leid um die große, runde Waffenbierreklame, auf der zwei gekreuzte Säbel einen Bierkrug, der schäumend überlief, zu schützen schienen.

Ich muß treffen, dachte er, bevor er die Pistole aus der Tasche nahm, ich muß. Er ging an den Häusern vorbei, trat rückwärts in den Eingang zu einer Metzgerei und hätte fast einer Frau, die den fliesenbelegten Gang aufwusch, auf die Hände getreten. »Du Lümmel,«[129] sagte sie aus dem Halbdunkel heraus, »mach, daß du wegkommst.«

»Entschuldigen Sie«, sagte er und stellte sich außen neben den Eingang. Die Seifenlauge lief zwischen seinen Füßen über den Asphalt in die Gosse.[130] Von hier ist es am besten, dachte er, sie hängt genau vor mir, rund wie ein großer Mond, und ich muß sie treffen. Er nahm die Pistole aus der Tasche, entsicherte sie und lächelte, bevor er sie hochhob und anlegte: er fühlte nicht mehr, daß etwas zerstört werden mußte, und doch mußte er schießen: es gab Dinge, die man tun mußte, und wenn er nicht schoß, würde Griff nicht nach Lübeck fahren, nicht die weißen Arme der hübschen Mädchen sehen und nie mit einer von ihnen ins Kino gehen. Er dachte: Mein Gott, hoffentlich bin ich nicht zu weit davon entfernt – ich *muß* treffen, ich *muß*; aber er hatte schon getroffen, das Klirren des fallenden Glases war fast lauter als das Geräusch der Schüsse. Erst brach ein rundes Stück aus der Reklame heraus: der Bierkrug, dann fielen die Säbel, er sah, wie der Putz[131] aus der Hauswand in kleinen Staubwolken heraussprang, sah den Eisenkranz, der die Lichtreklame gehalten hatte, Glasreste hingen noch wie Fransen am Rand.

Am deutlichsten hörte er die Schreie der Frau, die aus dem Flur gestürzt war, dann zurücklief und drinnen im Dunkel weiter schrie – auch Männer schrieen, aus dem Bahnhof kamen Leute, wenige; viele stürzten aus der Kneipe. Ein Fenster wurde geöffnet, und oben erschien für einen Augenblick Drönschs Gesicht. Aber niemand kam ihm nahe, weil er die Pistole noch in der Hand hielt. Er blickte nach oben zum Friedhof hin: Griff war nicht mehr zu sehen.

Unendlich viel Zeit verging, ehe jemand kam und ihm die Pistole aus der Hand nahm. Er konnte noch an vieles denken: Jetzt, dachte er, brüllt Vater schon seit zehn Minuten im Haus herum, schiebt Mutter die Schuld zu, Mutter, die längst erfahren hat, daß ich zu Katharina hinaufgeklettert bin; alle wissen es, und niemand wird verstehen, daß ich es tat und daß ich dies tat: auf die Lichtreklame schießen. Vielleicht wäre es besser gewesen, ich hätte in Drönschs Fenster geschossen. Und er dachte: Vielleicht sollte ich beichten gehen, aber sie werden mich nicht lassen; und es war acht, und nach acht konnte man nicht mehr beichten. Das Lamm hat mein Blut nicht getrunken, dachte er, o Lamm.

Nur ein paar Scherben hat es gegeben, und ich habe Katharinas Brust gesehen. Sie wird wiederkommen. Und nun hat Vater wirklich einmal Grund, die Pistole zu reinigen.

Er konnte sogar noch an Griff denken, der nun auf dem Weg nach Dreschenbrunn war, über die Höhen, an den Weinbergen vorbei, und er dachte noch an die Tennisbälle und das Marmeladenglas, von dem er die Vorstellung hatte, daß es längst überwuchert[132] war.

Sehr viele Leute standen um ihn herum in weitem Abstand. Drönsch lag jetzt oben im Fenster, mit aufgestützten Armen, die Pfeife im Mund. Nie will ich so aussehen, dachte er, nie. Drönsch sprach immer von Tirpitz.[133] ›Tirpitz ist Unrecht geschehen. Die Geschichtswissenschaft wird Tirpitz noch einmal Gerechtigkeit widerfahren lassen. Objektive Forscher sind am Werke, um die Wahrheit über Tirpitz herauszufinden.‹ – Tirpitz? Ach ja.

Von hinten, dachte er, das hätte ich mir denken können, daß sie von hinten kommen. Kurz bevor der Polizist ihn packte, roch er dessen Uniform: ihr erster Geruch war Reinigungsbenzin, ihr zweiter Ofenqualm, ihr dritter . . .

»Wo wohnst du, du Lümmel?« fragte der Polizist.

»Wo ich wohne?« er blickte den Polizisten an. Er kannte ihn, und der Polizist mußte ihn kennen: er brachte doch immer die Verlängerung für Vaters Waffenschein,[134] freundlich war er, lehnte die Zigarre dreimal ab, bevor er sie annahm. Auch jetzt war er nicht unfreundlich, und sein Griff war nicht fest.

»Ja, wo du wohnst.«

»Ich wohne im Tal der donnernden Hufe«, sagte Paul.

»Das ist nicht wahr,« rief die Frau, die den Flur geputzt hatte, »ich kenne ihn doch, er ist der Sohn . . .«

»Ja, ja,« sagte der Polizist, »ich weiß. Komm,« sagte er, »ich bring dich nach Hause.«

»Ich wohne in Jerusalem«, sagte Paul.

»Hör jetzt auf damit,« sagte der Polizist, »und komm.«

»Ja,« sagte Paul, »ich werde damit aufhören.«

Die Leute schwiegen, als er vor dem Polizisten her die dunkle Straße hinunter ging. Er sah aus wie ein Blinder: die Augen auf einen bestimmten Punkt gerichtet, und doch schien er an allem vorbeizusehen; nur eins sah er: die zusammengefaltete Abendzeitung in der Tasche des Polizisten. Und er konnte in der ersten Zeile lesen ›Chruschtschew‹, und in der zweiten ›offenes Grab‹.

»Mein Gott,« sagte er zu dem Polizisten, »Sie wissen doch genau, wo ich wohne.«

»Natürlich weiß ichs,« sagte der Polizist, »komm!«

Notes

[1] *er . . . war:* 'it was his turn'. This phrase occurs again, in a different context, on page 70.

[2] *das Seitenschiff . . . Mittelschiff:* 'aisle . . . nave' (of church).

[3] *wabenförmig: die Wabe* = honeycomb.

[4] *gesprenkelt:* 'mottled'.

[5] *Zementfugen: die Fuge* = joint, seam. The last lines of this paragraph describe briefly the culmination of confused visual impressions.

[6] *Beichtstuhl:* 'confessional'.

[7] *ahnungslos:* 'unsuspecting', 'without misgivings'. The passers-by suspect nothing of his anguish.

[8] *dornig . . . endlos:* The reference is to the difficulty he experiences in making his confession. His mind is tortured by the preponderately feminine visions of temptation, as the last lines in the previous paragraph indicate.

[9] *winkte:* 'made a sign', 'signalled'.

[10] *gebeichtet:* 'confessed' (to a priest in confessional).

[11] *genascht: naschen* = eat sweets (and other delicacies) on the sly. (cf. *gern naschen:* 'to have a sweet tooth'.)

[12] *die Aufdringlichkeit . . . -Riechens:* 'the obtrusiveness of this indeterminate smell'. He is irritated by his inability to define or determine more exactly the impression made on him by those standing near him. (But cf. para. 5, page 29, and page 30, end.)

[13] *Kernseife:* 'curd soap'. A kind of rough soap with high soda content.

[14] *Mühsal:* 'toil', 'trouble'.

[15] *Bußgebete:* 'prayers' (enjoined by priest after a penitent's confession). *büßen* = 'atone for', 'expiate'.

[16] *Mohnbrot:* bread with layer of crushed poppy seeds on crust.

[17] *seine Pistole:* The rest of this paragraph is full of symbols and double meanings; it is extremely important for an understanding of the doubts and unfulfilled longings and desires which plague the boy Paul. Individual difficult words are:

makellos: (here) 'spotless'. The 'Magazin' referred to is the container for the bullets.

Federdruck: the extremely light pressure necessary to feed an individual bullet into the chamber ready for firing. (*Lauf* = barrel.) The word is sometimes used to mean the light pressure necessary to press the trigger.

zerlegen: 'dismantling'.

seziert: 'dissected'.

des Hahns: der Hahn: trigger.

Innereien: usually: 'entrails', 'offal'; (here) = small component parts (of pistol), hidden from view when pistol or rifle is fully assembled for use.

der Same: 'seed', 'germ'.

gebannt (p. 30, line 20), *bannte* (p. 30, line 26): an example of two uses of a word; *gebannt* in line 20 means: 'captivated', 'fascinated In line 26 *bannte* means: 'held captive', in the literal sense, 'held firmly'.

die Federn: die Feder = spring (cf. *Federdruck*, above).

der Sicherungsflügel: 'safety catch'.

[18] *Gemeinheit:* The word is used here in its older and now less common sense of 'ordinariness', that which is 'everyday', 'of common occurrence' (cf. *allgemein*). In pre-1914 German and Austrian armies a private soldier was known as a 'Gemeiner'.

[19] *Zischbrunner Mönchsgarten:* Imaginary vintage, bearing name of locality. (See also page 48.)

[20] *schlüpfriger Kennerschaft:* Note repetition within a very short space of the idea of slipperiness (note 18) and here. *Kennerschaft:* 'expertise'. *Schlüpfrig* can mean also 'obscene', 'salacious'.

[21] *die hohen . . . verbarg:* cf. the phrase at end of page 28: '. . . so leichten Absätze . . .'.

[22] *holpriges:* 'rough', 'uneven'.

[23] *durchqueren:* 'traverse'.

[24] *von der . . . konnte:* the voice of the priest which could speak the words of absolution (*lösen*), but which could also impose a penance (*binden*) (cf. *Lossprechung* further down).

[25] *die Ledertür:* curtain of leather often found in churches immediately inside entrance to act as a second door.

[26] *zurückpendeln:* 'swing back' (i.e. without shutting it properly).

[27] *Windfang: der Windfang:* porch. He had not yet gone right outside, but had paused to repair slight damage to his prayer-book (*die geknickte Seite*) and to examine his slightly injured hand.

[28] *Bordstein: der Bordstein:* kerbstone.

[29] *hockte . . . Eiskarrens:* 'squatted on the shaft of the ice-cream barrow'. (More commonly = *der Holm.*)

[30] *Sparkasse:* 'Savings Bank'.

[31] *Chruschtschew:* Nikita Sergeevitch Krushchev (born 1894). Became First Secretary of Central Committee Communist Party, U.S.S.R., and Chairman of Council of Ministers in 1953. Was replaced in 1964 by Brezhnev and Kosygin. (Note German spelling of his name.)

[32] *Herrenvierer . . . Zischbrunn 67:* The last half of this paragraph contains references to a Regatta, and Paul's broodings are interspersed with the announcements, over loud-speaker, of events and results of the competitions. *Herrenvierer = Men's Fours'*. *Ubia* etc. are names of Rowing Clubs.

[33] *Algen: die Alge:* seaweed.

[34] *Schleppzüge: der Schleppzug:* 'barge', towed (*schleppen*) by steam-paddle (*Raddampfer*) or motor-powered tugs.

[35] *sich . . . verhedderten:* 'became confused', 'became nonsensically intermingled'. The whole of the short paragraph gives the effect of inversion of names, and the last line of the paragraph indicates the resulting confusion of words and sounds in Paul's ears.

[36] *Hängen: der Hang:* slope. Hence the phrase, a few lines back: 'bis hier oben hin . . .'.

[37] *Affenfratzen: die Fratze:* grimace, distorted face.

[38] *gebleckten Zähnen:* 'with bared teeth', 'snarling'.

[39] *Tusch . . . Trompeten . . . in die Luft: Tusch* = fanfare. The rest of the paragraph is a satire on the Romanticism (*Weinromantik*) of the Rhineland. The song referred to here is a typical example of

common Rhineland sentimentality – a sign of remarkable objectivity in Böll, who is a native of the region. (cf. page 45: *Sie haßte den Wein.*)

[40] *Griffduhne:* Name of Paul's friend (several other proper names occur later in the story, e.g. Drönsch, Ploklamm, Kuffang). Subsequently Griffduhne is referred to simply as 'Griff'.

[41] *Damenzweier . . . die Schwestern . . .:* 'Ladies' Pairs'. 'Schwestern'. We learn earlier in the story that Paul has sisters, and they are possibly meant here. But it may be useful to remember that *die Schwestern* is commonly used in a jocular and sometimes in a reproachful sense, similarly to *die Brüder.* (See also page 36, end.)

[42] *schraubte . . . zurecht:* 'adjusted', 'focussed'.

[43] *herunter:* (here) = 'off' (not 'down').

[44] *Zielboot:* 'finishing post'.

[45] *Taubenschlag:* 'dovecote'.

[46] *. . . der neunziger . . . der zwanziger . . . der vierziger Jahre:* 'of the nineties' (etc.).

[47] *Werftbesitzer: die Werft:* shipbuilding yard.

[48] *biedermeierliche:* There is no exact English translation for this word which is the name of a German movement in the arts and crafts (including furnishings and design). The movement (c. 1820–1840) strove to avoid all that was loud, grandiose, passionate and demonic and to replace it with a quiet intimacy, perfecting especially a polished style in minor achievements in the arts. It was a movement in which originated almanacs, encyclopaedias, and miniatures in painting. The name is said to derive from two fictitious German philistines BIEDERMANN and BUMMELMEIER.

[49] *Daguerres . . . hatten:* The reference is to Louis Jacques Mandé DAGUERRE (1789–1851), who is generally supposed to have invented photography. In fact this was the work of Joseph Nicéphore NIEPCE (1765–1833), a French chemist and army engineer, who, in 1827, perfected a process of fixing camera lucida on metallic plates coated with asphalt and lavender oil. Collaboration with his fellow-countryman Daguerre was fruitful, and led to the latter's patent of the process in 1839.

[50] *Fähnrich:* 'officer cadet' (actually serving in armed forces, and not a member of an Officer Cadet Training Unit).

[51] *am . . . war:* The reference is to the scene of action on Eastern Front in both 1914–1918 and 1939–1945 Wars.

[52] *Pflaumenmus:* 'plum jam'.

[53] *rohleinenes:* 'unbleached linen'.

[54] *geröntgt:* The reference is to Wilhelm Conrad RÖNTGEN (1845–1923), German chemist who, in the University of Würzburg in 1895, invented X-rays. In German these bear the name of the inventor.

[55] *stak:* a variant past tense of *stecken* (intr.).

[56] *Winzerfest: Winzer* = vintner. Festival to celebrate the grape harvest.

[57] *Ploklamm:* proper name.

[58] *stutzte:* 'stopped short'; 'was puzzled', 'startled'.

[59] *rück sie raus:* 'out with them!', 'let's have them!' *Raus* is colloquial. Cf. *rein*, note 82, and *rauf*, page 54.

[60] *Siegerehrung:* 'distribution of medals and other awards) to winners'.

[61] *im Salto: der Salto* = somersault.

[62] *sämig:* 'thick', 'viscous', 'sticky'.

[63] *Sägemehl: das Sägemehl:* sawdust.

[64] *nach . . . waren:* 'in which the rounds of ammunition were packed'.

[65] *Geschossen: das Geschoß:* projectile (of any kind); here: 'bullet'.

[66] *Stammtisch:* inn or café table reserved for regular customers. The word is often used for these customers as a group.

[67] *Mirabellen: die Mirabelle:* yellow plum.

[68] *wischte . . . herum:* colloquial: 'rummaged about' (*wischen* means, literally, 'wipe').

[69] *Kuffang . . . Prohlig:* proper names.

[70] *Kuhfladen: der Kuhfladen:* cowdung.

[71] *verharren:* 'to hover persistently over'.

[72] *tief . . . Last:* his mind was haunted by a persistent burden.

[73] *Hosen-Fürst:* Imaginary name of outfitters from whom the garment had been bought.

[74] *Ostsee: die Ostsee:* Baltic.

[75] *im Tal . . . sein:* This is the first mention of the title in the body of the story.

[76] *Zalligkofen:* name of holiday resort.

[77] *Zeugnis . . . Reife: School Leaving Certificate* (awarded to successful candidates leaving school at about the age of 16 – a stage lower than 'Abitur').

[78] *Fahrtenschwimmen: long-distance swimming competition* (in which competitors are also strictly timed).

[79] *Schutzpatroninnen:* female patron saints.

[80] *Marinadenfabrik:* fish cannery.

[81] *durchsetzt:* 'mixed' (inseparable prefix).

[82] *rein:* colloquial for *hinein.*

[83] *würzen:* literally 'to spice', Here: 'to lend some variety to afternoon's entertainment'.

[84] *Weiber: das Weib.* Not always a polite word. Griff is referring to the women competitors, members of a Rowing Club belong to a firm.

[85] *Mirzowa:* We learn later (on page 59) that this is the name of Paul's girl-friend Katharina.

[86] *hast . . . gehabt:* He is referring to a note (*Zettel*). This phrase is open to various interpretations, possibly that it is a note passed furtively from boy(s) to girl or vice versa, or a picture which has been bought.

[87] *beliebig:* 'at will'.

[88] *Rhenania . . . zugewandt:* The description is of figures on a monument, representing allegorical characters, sculptured facing one another.

[89] *du, der du:* Note repetition of pronoun *du*; this is now archaic in second person, but is still in use in first person: *ich, der ich.*

[90] *flink huschten:* 'scurried, flitted hastily'.

[91] *buk:* past tense of *backen.*

[92] *Samowar:* Russian word (= literally 'self-boiler'). Apparatus with inner heat tube for keeping water hot. Generally used in Russia when making tea.

[93] *Messingleiste:* 'metal edge (to carpet)', 'stair rod'.

[94] *aber . . . aus:* A reference to the slight dizziness induced by swinging the binoculars from side to side in a wide arc (cf. note 26).

[95] *die Staniolkapsel:* plastic stopper; tinfoil cover (to cork or stopper).

[96] *als Paul . . . weiterlief:* the glasses jingled from the jolt accidentally given by Paul to the cabinet in which they were closely stacked; they continued to jingle slightly as he passed on.

[97] *zog . . . aus der Tasche:* Possibly the prayer book he had dropped and had picked up and put in his pocket as he left the church (see page 31, end).

[98] *heimgekehrt . . . Worte der Mutter:* An expression of Böll's enduring sympathy for idealistic communism (there is a further reference to this on page 67, top).

[99] *Rohrpostbüchsen: die Büchse* = tin, box, container. *Rohrpostbüchse* = pneumatic despatch system for cash and change formerly common in large stores.

[100] *Halbschuhe:* 'shoes' (i.e. ordinary shoes, in contrast to heavy walking shoes).

[101] *Geflecht:* 'wickerwork' (here: fruit basket).

[102] *Lockenköpfen:* The sisters had curly hair.

[103] *Verzückung:* 'ecstasy', 'rapture'.

[104] *First . . . Brüstung: der First:* ridge of roof. *'Brüstung* = balustrade, parapet, window-sill.

[105] *gehobeltes:* 'planed'.

[106] *diese leeren . . . zu fallen:* The meaning is that he looked at her in an unseeing way, so that his glance seemed to go right past her.

[107] *fuhr in die linke . . . :* *fahren* is often used colloquially for 'do' or 'put', when action is sudden or violent; 'thrust his hand into his left pocket'.

[108] *Handteller:* 'palm of the hand' (*Handfläche* is usual word).

[109] *Das wird wohl langen:* 'That will be enough'.

[110] *schlugen sich:* 'flagellated themselves' (as penance).

[111] *Getue: das Getue:* fuss.

[112] *das Bett . . . abgezogen:* the bed had already been stripped, since the girl was going away.

[113] *mit Fetzen von Fahnenrot:* literally = 'with shreds of red flag(s)'. The meaning is that the girl has an occasional glimpse in her binoculars of red flags hung out at the site of the regatta.

[114] *das sich . . . banden:* 'which fat men wound round their bald pates'.

[115] *Sie suchte . . . konnte:* i.e. she used the binoculars to examine closely all the streets within range.

[116] *turnten:* literally = did gymnastics. 'whirled around'.

[117] *Gebetsmühlen:* 'prayer wheels' (used largely in practice of some eastern religions; e.g. Buddhism in Tibet). *die Mühle* = mill.

[118] *ich werde . . . heimzahlen:* 'I will pay them out', 'I will get even with them'.

[119] *auf:* = (here) 'into'.

[120] *angelassen:* 'started up'.

[121] *grölte:* 'bawled'.

[122] *mit so Sachen:* colloquial; it indicates the mother's vague conception of the exact nature of the business.

[123] *Waffenbier:* brand of beer.

[124] *verwest:* 'decayed', 'rotted'.

[125] *Harz (das):* 'resin'.

[126] *wirft . . . herum:* 'throws the whole lot on the floor and rummages about in the drawer'.

[127] *die Zeit . . . stoppen:* 'time (him) with a stop-watch'.

[128] *die Kneipe:* colloquial = 'pub'.

[129] *Lümmel:* 'lout', 'saucy fellow'. (The word is sometimes used semi-jocularly.)

[130] *die Gosse:* 'gutter' (sometimes used figuratively).

[131] *der Putz:* 'plaster'.

[132] *überwuchert:* 'covered with tangled growth'. He is thinking back to his previously made plan to leave the jar on the ground in the wood (page 71).

[133] *Tirpitz:* Alfred von TIRPITZ (1849–1930). Großadmiral (Admiral of the Fleet). Creator of Imperial Germany's Grand Fleet and exponent of unrestricted submarine warfare.

[134] *Waffenschein:* 'firearms certificate'.

Select Bibliography

EDITIONS OF BÖLL'S WORKS

Der Zug war pünktlich, Erzählung, Friedrich Middelhauve, Opladen, Köln, 1949.

Wanderer, kommst du nach Spa?, Erzählungen, Friedrich Middelhauve, Opladen, Köln, 1950.

Wo warst du, Adam?, Roman, Friedrich Middelhauve, Opladen, Köln, 1951.

Und sagte kein einziges Wort, Roman, Kiepenheuer & Witsch, Köln, Berlin, 1953.

Haus ohne Hüter, Roman, Kiepenheuer & Witsch, Köln, Berlin, 1954.

Das Brot der frühen Jahre, Erzählung, Kiepenheuer & Witsch, Köln, Berlin, 1955.

Unberechenbare Gäste, Heitere Erzählungen, Die Arche, Zürich, 1956.

Irisches Tagebuch, Kiepenheuer & Witsch, Köln, Berlin, 1957.

Im Tal der donnernden Hufe, Erzählung, Insel Verlag, Wiesbaden, 1957.

Doktor Murkes gesammeltes Schweigen und andere Satiren, Kiepenheuer & Witsch, Köln, Berlin, 1958.

Der Bahnhof von Zimpren, Erzählungen, List, München, 1959.

Billard um halbzehn, Roman, Kiepenheuer & Witsch, Köln, Berlin, 1959.

Ein Schluck Erde, Drama, Kiepenheuer & Witsch, Köln, Berlin, 1962.

Als der Krieg ausbrach, Als der Krieg zu Ende war, Zwei Erzählungen, Insel Verlag, Frankfurt/M, 1962.

Erzählungen, Hörspiele, Aufsätze, Kiepenheuer & Witsch, Köln, Berlin, 1963.

Ansichten eines Clowns, Roman, Kiepenheuer & Witsch, Köln, Berlin, 1963.

Entfernung von der Truppe, Erzählung, Kiepenheuer & Witsch, Köln, Berlin, 1964.

Frankfurter Vorlesungen, 4 Vorlesungen, Kiepenheuer & Witsch, Köln, Berlin, 1966.

Ende einer Dienstfahrt, Erzählung, Kiepenheuer & Witsch, Köln, Berlin, 1967.

Aufsätze, Kritiken, Reden, Kiepenheuer & Witsch, Köln, Berlin, 1967.

CRITICAL WORKS

Horst BIENEK, *Werkstattgespräche* (contains interview with Heinrich Böll), dtv, München, 1965.

Hermann STRESAU, *Heinrich Böll*, Colloquium Verlag, Berlin, 2nd Edn, 1966.

Albrecht BECKEL, *Mensch, Gesellschaft, Kirche, bei Heinrich Böll*, Fromm Verlag, Osnabrück, 1966.

W. J. SCHWARZ, *Der Erzähler Heinrich Böll*, Francke Verlag, Bern & München, 2nd Edn, 1967.

M. REICH-RANICKI (Ed), *In Sachen Böll*, Kiepenheuer & Witsch, Köln, Berlin, 2nd Edn, 1968. (A paperback edition of this most useful book is available.)

Klaus JERIORKOWSKI, *Rhythmus und Figur*, Gehlen Verlag, Bad Homburg, 1968. Deals entirely with the two stories 'der Wegwerfer' and 'Billard um halbzehn'.

In addition mention should be made of the publication entitled: *Der Schriftsteller Heinrich Böll*, published by Kiepenheuer & Witsch. This work is now already in its 4th Edition, and contains the most exhaustive bibliography of Böll's works, both in the original and in translations, as well as providing a complete list of articles and theses on Böll and his works.

Translations of Böll's works have appeared in nineteen languages, and the author has been awarded eight literary prizes.